「お金の増やし方のベストセラー100冊」のポイントを1冊にまとめてみた。

文道
藤吉 豊
小川真理子

日経BP

はじめに

本書は、**お金の増やし方の名著「100冊」のエッセンスを1冊にまとめたもの**です。

「ファンドマネージャー、ファイナンシャル・プランナー（FP）、有名投資家、経済評論家、税理士、会計士といったお金のプロが実践するお金の増やし方、使い方を1冊にまとめてみよう」

「資産運用、住宅ローン、生命保険、年金、税金など、知らないと損をするお金の知識を重要度の高い順に身につけてもらおう」

というコンセプトに従っています。

ひと口に「お金の増やし方」といっても、「投資でお金を増やす」「節約して出費を抑える」「年金や税金のしくみを理解する」「億万長者の習慣を紹介する」「老後資金の確保のしかたを指南する」「経済指標を読み解く」など、切り口は多岐（たき）にわたります。

筆者の藤吉豊（ふじよしゆたか）と小川真理子（おがわまりこ）がこれまでに手掛けた「100冊シリーズ」（『「○○のベストセラー100冊」のポイントを1冊にまとめてみた。』シリーズ。既刊は、文章術・話し方・勉強法）の中で、「お金の増やし方」は、もっとも間口（まぐち）の広いテーマでした。それでも、名著100冊を精読した結果、わかったことがあります。

それは、

「お金のプロたちの考え方には共通点があり、プロの多くが認めるお金の『増やし方』『貯め方』『使い方』（＝共通のノウハウ）**がある」**

ことです。

本書では、その共通のノウハウを「大事な順に」紹介します。

◆ランキングの決め方

本書では、お金の本の著者の多くが「大切だ」と考えている共通のノウハウを集めるために、次のような手順を踏みました。

(1)「お金」をテーマにした本を「100冊」購入

株式投資、NISA、iDeCo、家計管理、税金、年金、老後資金、住宅ローン、不動産、暗号資産など「お金」を扱ったベストセラー、ロングセラーを購入。選定の基準は216ページに詳述。

(2) どの本に、どんなノウハウが書かれているのかを洗い出す

本を精読し、「これは大切」と書かれているコツを見つける。

(3) 共通のノウハウをリスト化する

洗い出したノウハウを「似た内容」ごとにまとめる。そのノウハウが掲載されていた本の「冊数」を数える。たとえば、

- 「投資のリスクを減らす方法」について書いてあったのは、○冊
- 「投資信託の選び方」について書いてあったのは、○冊
- 「iDeCoのメリット、デメリット」について書いてあったのは、○冊……など。

(4) ノウハウをランキング化する

ノウハウを「掲載されていた本の冊数」によって順位付けする。

この手順で作成したのが、次のページのランキングです。

発表！「お金の増やし方」

本当に大切な８つの基本ルール

1位 「分散投資」でリスクを減らす

2位 「投資信託」で手堅く運用する

3位 誰でもある「無駄な支出」を今すぐ減らす

4位 老後資金は「iDeCo（イデコ）」で増やす

5位 「売り時」は先に決めておく

6位 「リスク」は恐れ過ぎず、取り過ぎない

7位 「持ち家」のメリット・デメリットと住宅ローン

8位 生命保険は「正しく」入る

大事な順ランキング　ベスト30！

効率良くお金を増やすための12のコツ

9位	お金持ちになりたければ投資をする
10位	「指数」「指標」をチェックする
11位	NISA（ニーサ）で運用益を非課税にする
12位	感情に流されない
13位	「複利の力」でお金を増やす
14位	お金が貯まる人に共通する「ある習慣」
15位	不動産投資も視野に入れる
16位	何をするにもまずは「貯蓄」から
17位	「金利の高い借金」はしない
18位	株式投資は「情報集め」から
19位	キャリアアップで収入を増やす
20位	「税金の知識」でお金の貯まり方が変わる

知らないと損をする!?　10のポイント

21位	最後は「自分のアタマ」で考えて決める
22位	お金持ちになりたければ、「お金の勉強」は不可避
23位	「自分に合った」金融機関を選ぶ
24位	今すぐに行動する！
25位	リスクを減らしたいならまず「国債」
26位	配当金と株主優待を狙う
27位	外貨預金には特有のリスクがある
28位	FXはハイリスク・ハイリターン
29位	クレジットカードは「使い方」が10割
30位	米国株投資を始める

◆ランキングの活かし方と、本書の構成

100冊から抽出した30項目を、本書では３つに分けました。

・１～８位（➡Part １へ）

多くの著者が「大切」だと説く８つのノウハウ。

老後資金のつくり方、無駄な支出の減らし方、投資のリスクを減らすポイント、住宅ローンや生命保険の見直し方など、すべての人に必要なノウハウが集まりました。

この８つは、

「今あるお金を効率良く増やす」

「今あるお金を無駄にしない」

ために身につけておきたいノウハウです。

・９～20位（➡Part ２へ）

「１位から８位まで」を理解した上で、さらにお金を効率良く増やすためのノウハウです。

「投資の必要性」「お金の不安との向き合い方」「良い借金、悪い借金の考え方」「お金持ちの習慣」「税金の意義と役割」など、お金を大切にするための心構えを紹介します。

・21～30位（➡Part ３へ）

「株式投資」「国債」「FX」「外貨預金」「米国株」など、投資の種類ごとにそれぞれの特徴とメリット、デメリットを紹介します。

本書において、筆者の藤吉と小川は、ナビゲーター役です。２人ともお金のプロではありませんが、だからこそ先入観を持たず、読者と同じ目線に立って、読者と同じ疑問を持って、100冊の要点を客観的、機械的にまとめる作業ができたと思います。

項目ごとに完結しているため、どこから読んでいただいてもかまいません。それぞれのポイントを体系的に理解できるはずです。

◆キーワード「共通のノウハウ」

本書では、「複数の本で紹介されている共通のノウハウや考え方、コツ」に注目し、まとめ直すという作業を行いました。

たとえば、「投資のリスクを減らすには、分散投資をする」と複数の本に書かれていたら、それは、著者の多くが認めた「共通のノウハウ」です。

◉共通のノウハウ……ファンドマネージャー、ファイナンシャル・プランナー、有名投資家、経済評論家、税理士、会計士など、「お金の本」の著者の多くが大切にするノウハウのこと。100冊の中で、何度も目にしたノウハウ。

「複数の本に同じノウハウが書かれてある」のは、「それだけ大事だから」です。

100冊の中に、「1回」しか紹介されていないノウハウは、著者独自のノウハウ、あるいは、「その本の著者は大事だと思っているけれど、他の著者は重要視していないノウハウ」の可能性があります。

100冊中「50冊」に書かれてあるノウハウと、100冊中「1冊」

にしか書かれていないノウハウでは、「50冊」に書かれてあるノウハウのほうが汎用性・一般性・再現性は高い、つまり、身につきやすく、真似しやすく、多くの人に役立つノウハウであると解釈できます。

「1回しか紹介されていないノウハウよりも、複数の本に紹介されているノウハウを先に身につけたほうが、大切なお金を無駄にしなくて済む」
「共通のノウハウを意識して貯蓄や投資を始めたほうが、成果に結びつきやすい」

と、私たちは考えています。

◆本書のメリット

本書のメリットは、おもに次の9つです。

本書の9つのメリット

①「投資をしたほうがいい理由」がわかる。
②支出を見直して貯蓄を増やす方法がわかる。
③投資のリスクを軽減する方法がわかる。
④何に投資をすればいいのか、投資先の選び方がわかる。
⑤自分に合った投資法、節約法、貯蓄法がわかる。
⑥老後資金のつくり方がわかる。
⑦お金が貯まりやすい人と、貯まりにくい人の違いがわかる。
⑧投資の始め方がわかる。
⑨投資初心者が陥りやすいミスがわかる。

◆本書の対象者

本書は、職業・年齢・目的を限定せず、多くの人の資産形成に役立つように構成しています。

- **手持ちのお金を少しでも増やしたいと考えている方**
- **これから投資を始めようと考えている方**
- **老後資金に不安のある方**
- **家計管理が苦手な方**
- **結婚、出産、転職、退職、住居購入、子どもの進学といったライフイベントの予定がある方**
- **金融リテラシー（お金に関する知識と判断力）を高めたい方**
- **フリーランスや自営業者など、給与所得ではない収入がある方**

「お金の本はたくさんあって、どれを読んでいいかわからない」
「投資を始めてみたいけれど、怖さが先立つ」
「少額でもいいので、少しずつお金を積み立てていきたい」
「安定的に資産を増やしたい」
「無駄な支出をなくしたい」
「老後資金に不安がある」

本書が、こうした悩みを持つ方の助力となれば、これほど嬉しいことはありません。

株式会社文道　藤吉 豊／小川真理子

「お金の増やし方のベストセラー100冊」のポイントを1冊にまとめてみた。

Contents

- 本書で掲載している情報は、2023年５月時点のものです。今後変更される可能性があります。
- 本書の情報については細心の注意を払っています。信頼できると判断した情報を掲載していますが、正確性・完全性を保証するものではありません。また、将来の市場環境や運用成績等を示唆するものでもありません。
- 個別商品の詳細情報（リスク、運用実績、費用など）については、銀行や証券会社などに直接お問い合わせください。
- 本書は情報提供を目的としたものです。投資助言や特定商品の取引、商品の勧誘を目的としたものではありません。
- 本書の情報の利用によって生じたいかなる損害につきましても、出版社および著者・監修者は責任を負いかねます。投資に関する最終判断は、くれぐれもご自身でお願いいたします。

Part.2 100冊がすすめる 効率良くお金を増やす「12のコツ」

ランキング 9〜20位

Part.1

100冊を集めてわかった本当に大切な「8つのルール」

ランキング 1〜8位

「分散投資」でリスクを減らす

Point

1 資産・銘柄を分散させる

2 海外にも投資をする

3 積立(つみたて)投資をする

1位は「『分散投資』でリスクを減らす」です。

分散投資の大切さは、100冊中47冊に書かれてありました。

> ◉分散投資……株式と債券、国内と海外など、複数の投資先に時間をずらして投資をすること。すべての資産が一度に減るリスクを低くできる。

投資にはリスクがつきものです。投資のリスクとは、

「結果が不確実であること（予想できないこと）」

を意味します。

株式や債券（国や企業などが資金を借り入れるために発行する有価証券）などは、さまざまな影響により価格が変動します（投資のリスクについては6位で詳述）。

「投資のリスク」とは

- **リスクが大きい**

……価格変動の振れ幅が大きい。大きな収益が期待できる一方、大きな損失を被（こうむ）る可能性も高い。

- **リスクが小さい**

……価格変動の振れ幅が小さい。大きな収益は期待できないが、大きな損失を被る可能性は低い。

価格変動の振れ幅が大きいほどリスクも大きくなる

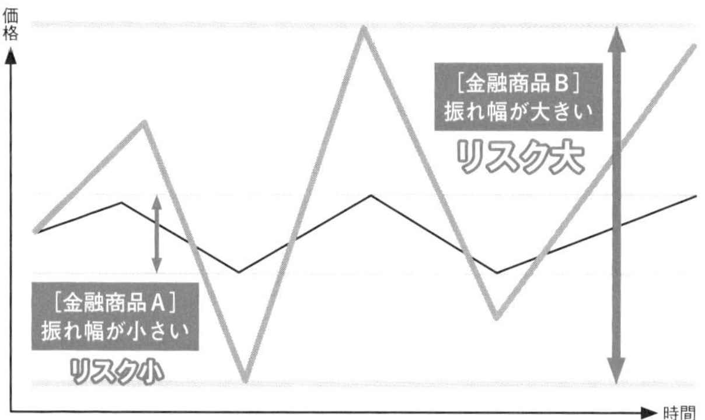

投資のリスクをなくすことはできませんが、リスクを減らす方法はあります。その方法のひとつが分散投資です。

資産を複数持っていれば（いろいろな金融商品を保有していれば）、特定の資産が値下がりしても他の資産の値上がりでカバーできることもあるため、リスクを軽減できます。

「お金の運用は分散投資が不可欠です。分散投資はリターンを下げずにリスクを下げる、またはリスクを変えずにリターンを最大化する効果があります」（山崎元『お金に強くなる！　ハンディ版』／ディスカヴァー・トゥエンティワン）

> ◉資産……現金、預金、株式、不動産、債券、金など「お金に換算できる財産」のこと。

分散する対象は、おもに次の４つです。

(1)資産の分散

株式、債券、不動産、金など、種類の異なる資産を組み合わせて投資します。

「アセット（asset）は資産のこと、アロケーション（allocation）は配分のことですから、アセット・アロケーションとは、自分の資産の配分を決めることになります。資産のリターンは、アセット・アロケーションでおおむね80％程度が決まります」（勝間和代『お金は銀行に預けるな』／光文社）

資産の分散の一例

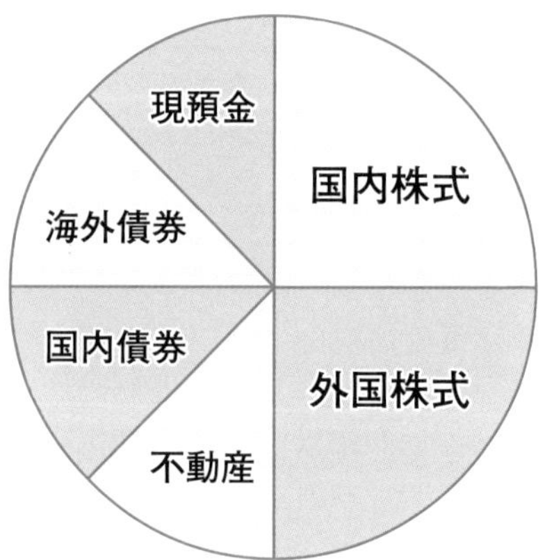

(2) 銘柄の分散

銘柄とは、株式、債券、投資信託の個別の名称のこと（株式の場合なら企業名）。特定の銘柄だけでなく、複数の銘柄に投資します。株式投資であればA社だけでなく、B社、C社など、複数の企業の株を保有します（A社、B社、C社は別の銘柄だが、「株式」という点では同じ資産）。

銘柄の分散の一例

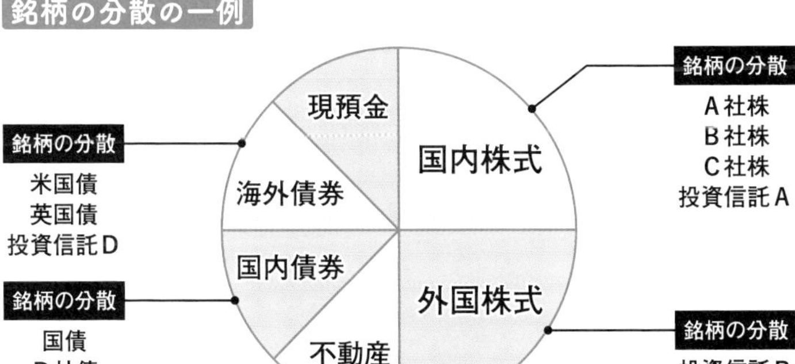

(3) 地域の分散

複数の国や地域、通貨を組み合わせて投資をします。ひとつの国や地域に集中して投資をした場合、その国の経済状況が悪化すれば、リスクが大きくなります。

「米国株に30年前に投資をしていればこの30年間で10倍、ドイツ株に投資をしていても10倍になっています。（略）

長期で世界に分散投資をするというのが、一番シンプルで一番儲かる方法なのです」（中桐啓貴『日本一カンタンな「投資」と「お金」の本』／クロスメディア・パブリッシング）

地域の分散の一例

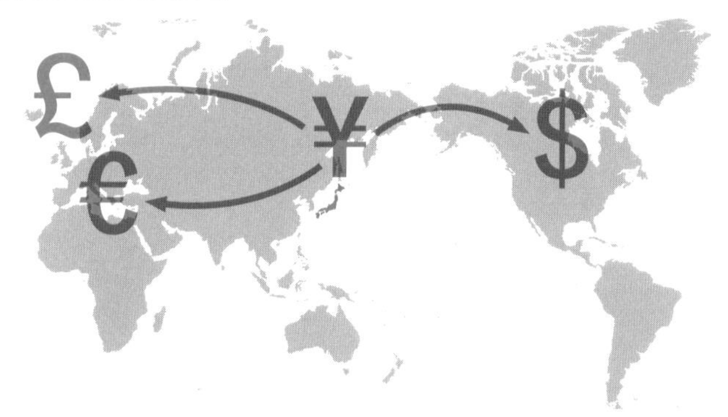

(4)時間（時期）の分散

投資では、投資する金融商品の価格に変動があるため、一度にまとめて投資するのではなく、購入するタイミングを分けて投資をします。高値でまとめて買ってしまうことを避けられるので、長い目で見ると、1回あたりの投資金額が平均化されて、割安に買えることが多くなります。

時間の分散

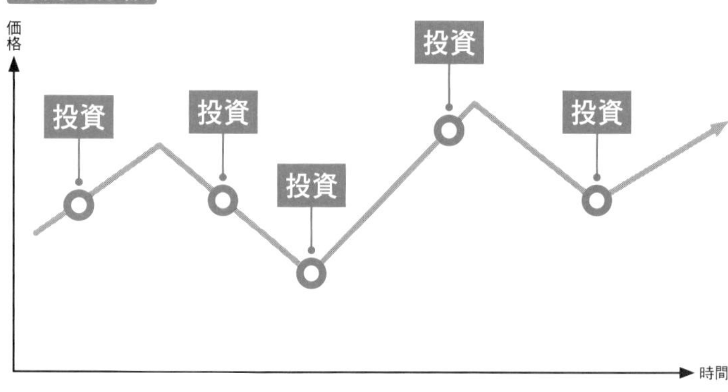

「分散投資」（4つの分散対象）について、さらに詳しく見ていきます。

1 資産・銘柄を分散させる

投資の世界には、**「卵をひとつのカゴに盛ってはいけない」**という格言があります。

全部の卵をひとつのカゴに盛ると、そのカゴを落としたときに、全部の卵が割れてしまうかもしれません。

ですが、複数のカゴに卵を盛っておけば、ひとつのカゴを落としても、他のカゴの卵は割れずに残ります。

投資も同じです。1種類の銘柄（や資産）にお金をつぎ込んだ場合、そのひとつが暴落すれば、投資したお金をすべて失いかねません。しかし複数のカゴ（複数の銘柄や金融商品）にお金を分けて投資しておけば、リスクを分散できます。

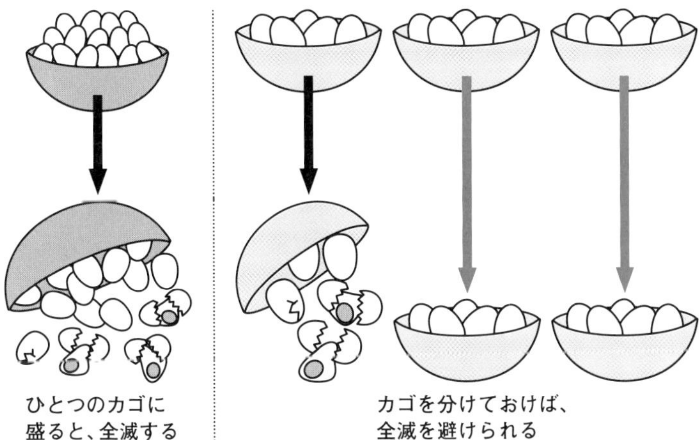

卵をひとつのカゴに盛ってはいけない
ひとつのカゴに
盛ると、全滅する
カゴを分けておけば、
全滅を避けられる

「昔から、卵は一度に同じ入れ物に入れて運んではいけないといわれているが、投資もそれと同じで、有利有望と思っても、一つの事業に入れ上げてしまっては危険である。（略）**一で失敗しても二で成功し、二で損をしても三で償うということもできる」**（本多静六『私の財産告白』／実業之日本社）

「全米でNo.1ファンド・マネジャー」と称えられたピーター・リンチも分散投資をすすめています。
「複数の会社に投資しなさい。選んだ五社のうち、一社はすばらしく値上がりし、一社は本当にひどく、あとの三社はまずまずになるから」（『ピーター・リンチの株式投資の法則』／ダイヤモンド社）

株式市場などで相場（価格）が変動することを「値動き」といいます。

資産・銘柄は、すべてが同じ値動きをするわけではないので、**「異なる値動きをする資産・銘柄」や「できるだけ特徴の違う金融商品」を組み合わせるのが分散投資の基本**です。

たとえば、株式と債券を組み合わせる。

株式と債券は異なる値動きをすることが多く、一般的に、「株式が値上がりするときには債券が値下がりする」といわれています。

「原則的に、年齢が若いほど株式の比率は高めにし、年齢を重ねるにしたがって債券や預貯金の比率を上げる、というのがセオリーです」（たぱぞう『お金が増える　米国株超楽ちん投資術』／KADOKAWA）

「分散投資のコツは、業種をできるだけバラエティに富ませること。同じ業種の銘柄は、同じような動きをするからです。例えば『円安に強い銘柄』『円高に強い銘柄』というように異なる動きをする組み合わせにすればさらにリスクを分散できます」（安恒理（やすつねおさむ）『マンガでわかる最強の株入門』／新星出版社）

2 海外にも投資をする

100冊の著者の多くが、国際分散投資の必要性を述べています。

◉国際分散投資……日本国内に限らず、先進国や新興国など海外に目を向けて分散投資をすること。

日本は少子高齢化や成長の鈍化が進み、「この先、経済が大きく発展するのか」不安を感じる要素もあります。

一方、海外に目を向けると、見通しの明るい国が存在しています。**国内だけでなく海外の金融商品も組み合わせることで、リスクを抑えることができます。**

「もっともシンプルな戦略は、世界の株式市場をまるごと買うことだ。これなら個々の国の経済がどうなろうと、グローバル経済が全体として成長していけば、確実にその恩恵を受けることができる」（橘玲（たちばなあきら）『臆病者のための億万長者入門』／文藝春秋）

日本国内だけでなく、海外にも投資する

（国際分散投資の一例）

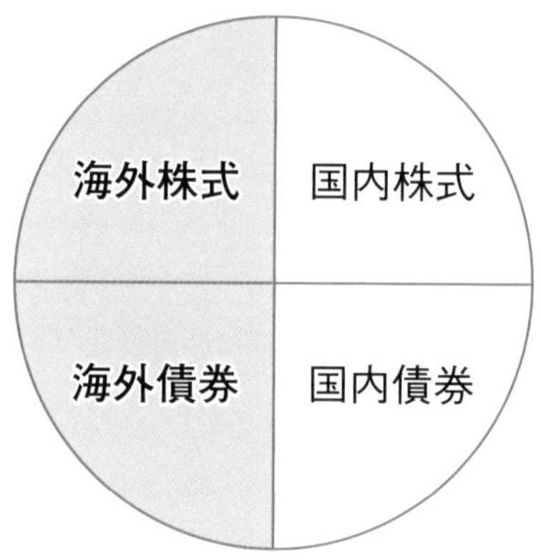

3 積立投資をする

積立投資は、毎月など一定のタイミングで、決まった額を購入する投資方法です。

購入のタイミングをズラすことで、「時間分散によるリスク低減効果」が期待できます。

この投資方法は、「ドル・コスト平均法」とも呼ばれています（ドルは「お金」の意味です。アメリカのドル建てで投資をすることではありません）。

◉ドル・コスト平均法……同じ投資対象（金融商品）を一定の金額ずつ、定期的に購入する方法。

「投資のことがまったくわからない、しかも少額資金しかないの

で、毎月こつこつ積み立て投資するしかない、というのは実はとてもラッキーだと思ってください」（山口貴大【ライオン兄さん】『年収300万円FIRE』／KADOKAWA）

積立投資のおもなメリットは、次の３つです。

(1) 少額から始められる

「つみたてNISA」や「NISA」（11位で説明）ではおもに投資信託を毎月買っていくことになりますが、投資信託なら、**月々100円から始めることができます。**

(2) 購入のタイミングに悩まない

「毎月20日に100円ずつ買う」などと決めて、**自動的にお金を引き落とす**ようにすれば、購入のタイミングに悩むことなく、コツコツ投資を続けることができます。

値動きに一喜一憂する必要もないので、精神的にも落ちついていられます。

「投資を成功させる鉄則は『安値で買って、高値で売る』ことといわれています。（略）

しかし、日々仕事をしたり、家庭を切り盛りしたりする私たちにとって、絶好のタイミングをとらえるのは、なかなか容易なことではありません。

そこで私は、積立預金のような感覚で、たとえば１ヵ月ごとにコツコツ投資する『積立投資』をおすすめしています」（井澤江美『行列のできる人気女性FPが教える　お金を貯める　守る　増やす　超正解30』／東

洋経済新報社）

(3) 購入価格が平均化される

価格が上がる時期や下がる時期があっても、結果的に購入価格が平均化されます。

積立期間が長くなるほど平均化される期間が長くなるため、価格変動リスクを減らせます。

「ワシらにできることは『最高のタイミングでの売買』ではなくて『最悪の状態を回避する』事や。（略）
『最悪の状態を回避する』場合、自分たちの買い方でコントロールが可能やねん。その買い方が『ドルコスト平均法』というものや。方法は非常にシンプルで、100万円持ってたとしても一度に買うんやなくて、時期を分散させて買うんや」（両@リベ大学長『本当の自由を手に入れる　お金の大学』／朝日新聞出版）

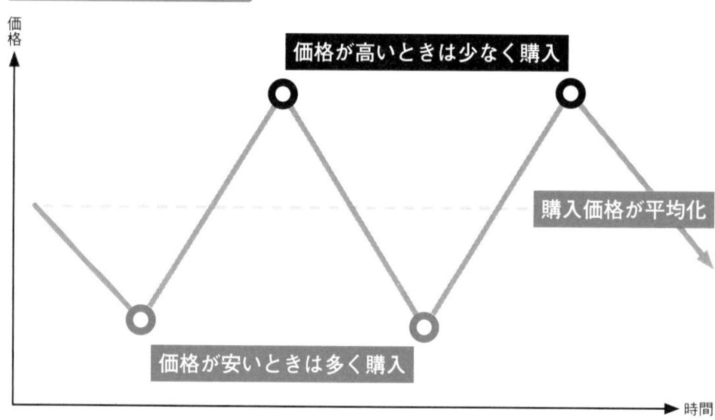

また、積立投資を始めたら、「長期保有する」ことが大切です。

長期保有をすると、元本(がんぽん)割れする（損をする）可能性が低くなる傾向があります。

◉元本……投資の「元手になるお金」のこと。

株式投資の場合、運用期間が長いほど配当金や株主優待の回数も多くなり、利益の積み上げが期待できます。

金融庁が発行する『つみたてNISA早わかりガイドブック』によると、1985年以降の各年に毎月同額ずつ国内外の株式・債券に積立、分散投資をした場合、保有期間５年では元本割れの可能性があるのに対し、保有期間20年では、損をした（元本割れした）ケースは０％です（過去の実績をもとにした結果であり、将来の成果を保証するものではありません）。

「投資期間が長くなればなるほど、最低リターンと最高リターンのブレ幅も収れんしていき、リターン幅が安定していきます。（略）

市場に長く居座り続ければ続けるほど、応分のリターンが期待できる」（穂高唯希(ほたかゆいき)『本気でFIREをめざす人のための資産形成入門』／実務教育出版）

「投資信託」で手堅く運用する

Point

1 「アクティブファンド」より「インデックスファンド」
2 好きなタイミングで売買したいなら「ETF（イーティーエフ）」
3 「毎月分配型」は選ばない

2位は「『投資信託』で手堅く運用する」です。
100冊中43冊が「投資信託の購入」をすすめていました。
投資信託とは、資産運用のプロを「信」じて、自分のお金を「託（たく）」す投資です。「ファンド」「投信」とも呼ばれています。

◉投資信託（ファンド・投信）……投資家から集めたお金を使って、資産運用のプロ（ファンドマネージャー）が国内外の株式や債券などに投資・運用する金融商品。投資家はその運用益から利益を受け取る。

投資信託は、ファンドマネージャーが、「これと、これと、これを組み合わせると利益が出るのではないか」と考えてつくった「詰め合わせ商品」です。
「国内株式型」「国内債券型」「外国株式型」「外国債券型」「バランス型」「REIT（リート）（不動産を投資対象とする投資信託。15位で説明）」など、さまざまな種類があります。バランス型は、「日本株しか投資をしない」「海外の債券にしか投資をしない」といった偏りをなくし、国内外の株式・債券にバランス良く投資します。

一般的な傾向として、国内より海外、債券より株式のほうが「ハイリスク・ハイリターン（元手が大きく減る可能性もあるが、大きく増える可能性もある）」になります。

「専門家が目利きをして、投信という『器』に株式や債券などを入れるお弁当のような『詰め合わせ（パッケージ）商品』なのです」「株だけでなく、債券や不動産など、投信という『器』に何が入っているかは商品によって異なります」（竹川美奈子『税金がタダになる、おトクな「つみたてNISA」「一般NISA」活用入門』／ダイヤモンド社）

「投資信託はファンドとも言う！　株式の詰め合わせパックを買うようなもので　詰め合わせのパターンはプロが選んでいる」（大河内薫、若林杏樹『貯金すらまともにできていませんが　この先ずっとお金に困らない方法を教えてください！』／サンクチュアリ出版）

株式投資は、自分で投資先（銘柄）を見つけて投資します。

一方、投資信託は「どの銘柄に投資をするのか」は資産運用のプロに一任します。

株式投資と投資信託の違い

43冊に書かれてあった「投資信託のメリット」をまとめると、次のようになります。

◆投資信託のメリット

- **小さな資金から始められる。**
- **自分で考えなくても、運用のプロが組み合わせを考えてくれる。**
- **「詰め合わせ商品」なので、多くの銘柄に分散投資できる。**
- **種類が豊富である。**
- **運用状況が公開されているので、透明性がある**（中身を自分でチェックできる）。
- **運用に携わる金融機関**（販売会社、運用会社、信託銀行）**が破綻しても、資金が守られる。**
- **NISA、つみたてNISA**（11位で説明）、**iDeCo**（4位で説明）**の投資対象となっている。**

投資信託は、株式や債券を詰め合わせた商品なので、間接的に、いくつもの投資先に分散投資できます。

「分散投資をしようとしても、膨大な数の金融商品を1つ1つ買っていくのは大変です。（略）

こうした問題をまとめて解決してくれる金融商品が、『投資信託』といえます。（略）

投資信託を運用する運用会社は、株式の購入や売却などの判断をして、さまざまな銘柄に分散投資をしてくれます」（小林義崇『元国税専門官がこっそり教える　あなたの隣の億万長者』／ダイヤモンド社）

投資信託のおもな種類

投資対象	国内	海外
株式	国内株式	海外株式
債券	国内債券	海外債券
REIT（不動産投資信託）	国内REIT	海外REIT
そのほか	金や原油など、上記以外	

複数の資産に分散投資する「バランス型」もある

出典：『元国税専門官がこっそり教える　あなたの隣の億万長者』

運用成績は市場環境によって変動するなど、投資信託にはデメリットもあります。

◆投資信託のデメリット

- **利益が出ることもあれば、投資額を下回ることもある。**
- **商品の数が多いため、選ぶのが難しい。**
- **短期間で大きな利益を出す方法ではない。**
- **値動きの変化に合わせたタイムリーな売買には向いていない。**
- **ファンドマネージャーが関わるため、自分で運用するよりも手数料が高くなる。**

おもな手数料

● **購入時手数料**（金融機関ごとに違う）

……買う際にかかる手数料。「ノーロード型」といって、購入時手数料のかからない商品もある。一般的に対面型の金融機関は購入時手数料が高く、ネット証券は安い傾向にある。

● **信託報酬**（どの金融機関でも同じ金額）

……保有中にかかる手数料（投資信託を管理・運用してもらうための費用）。商品ごとに大きく異なる。

● **信託財産留保額**（どの金融機関でも同じ金額）

……解約にかかる手数料。かからない商品もある。

長期投資をする場合、保有にかかる手数料（信託報酬）が高いと、その分、受け取る利益が減ってしまいます。

手元に多くのお金を残すためには、「手数料を安く抑える」のがポイントです。

1 「アクティブファンド」より「インデックスファンド」

投資信託は、運用方針の違いによって「インデックスファンド」と「アクティブファンド」の２種類に分類できます。

◉インデックスファンド……インデックス＝指標。日経平均株価やTOPIX（トピックス）（東証株価指数）、NYダウ、S&P500（後者２つはアメリカの代表的な株価指数）など、特定の指標に連動するように設計された投資信託。対象とする株価指数と同じ銘柄を同じ比率で組み入れることが多い。特定の指数と似た値動きをするため、市場並みの運用成績が期待できる。「パッシブファンド（パッシブ＝受け身）」とも呼ばれる（指数については10位で詳述）。

◉アクティブファンド……アクティブ＝積極的。ファンドマネージャーが独自に選んだ銘柄で構成された投資信託。株価指数など市場平均を上回る運用成績を目指す。

◉株価指数……上場銘柄全体の値動きをあらわす指標のこと。たとえば「日経平均株価」は、日本を代表する225銘柄から算出された株価指数。S&P500は、アメリカの代表的な上場企業500銘柄から算出された株価指数。

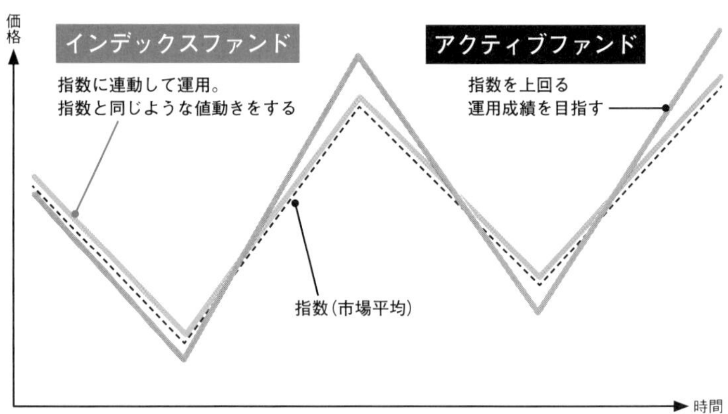

インデックスファンドとアクティブファンドにはそれぞれに特徴があり、「どちらが優れているのか」を決めることはできません。

ですが、100冊の著者の多くが、**「投資の初心者にはインデックスファンドのほうが向いている」**と述べています。

IT企業の役員を務める二刀流芸人の厚切り（あつぎ）ジェイソンさんも、インデックスファンドに投資しています。

「具体的に僕がしている投資方法は『トータル・マーケット・インデックスファンドに投資をし続ける』こと。個別の銘柄には一切手を出さず、投資信託しかしていない。（略）

投資のプロでさえ市場はなかなか読めないのに、僕たち素人が結果を出せるわけがないと思って、インデックスファンド一択で間違いがないと確信しました」（『ジェイソン流お金の増やし方』／ぴあ）

◆投資初心者にインデックスファンドが向いている理由

- **アクティブファンドよりも、手数料が安い**（アクティブファンドはファンドマネージャーが運用しているため、インデックスファンドよりも手数料が高め）。
- **日経平均株価やTOPIXなど、特定の指数と似た動きをするため、値動きがわかりやすい。**
- **ひとつの金融商品を購入するだけで、幅広く分散投資できる。日経平均株価に連動するインデックスファンドなら、日本の主要企業225社に分散投資しているのと同じ効果が期待できる。**

アクティブファンドは、市場平均を上回る運用成績を目指していますが、
「結果的に、市場平均を上回ることができない」
「6割のアクティブファンドがインデックスファンドを下回る」
と主張する著者もいます。アクティブファンドがインデックスファンドに勝てない理由として、
「運用成績がファンドマネージャーの手腕に左右されること」
「運用コスト（手数料）がインデックスファンドよりも高いこと」
などが挙げられています。

「アクティブファンドの中には、長期にわたってめざましい成績を上げているものもたしかにある。しかしたいていのアクティブファンドは成績が悪く、市場平均を上回ることができない」（アンドリュー・O・スミス『アメリカの高校生が学んでいるお金の教科書』／SBクリエイティブ）

「一見、魅力的なアクティブファンドですが、調査などに手間がかかっているぶん手数料が高く、長期的に見ると運用成績がインデックスファンドに負けることが多いといわれています」（林總『新版　正しい家計管理』／すみれ書房）

43冊には、「国内株、米国株、新興国株、全世界株をバランス良く保有している」という著者もいれば、「国内株のインデックスファンドと海外株のインデックスファンドを５：５で保有すべき」「日本に投資するのは難しいので、アメリカに投資したほうがいい」と主張する著者もいました。

インデックスファンドにはさまざまな種類があり、「どのインデックスファンドをどれくらいの割合で保有すべきか」についての絶対解はありません。しかし、43冊の著者の多くが、

- **ひとつだけではなく、複数のインデックスファンドを組み合わせて保有したほうがリスクは分散される（例：国内株式のインデックスファンドと海外株式のインデックスファンド）**
- **「国内株式のインデックスファンド」よりも、「海外株式のインデックスファンド」のほうがリターンは見込める。世界経済は成長し続けているし、とくに米国株は右肩上がりなので魅力的（米国株を推す理由は30位で詳述）**

と述べています。

2 好きなタイミングで売買したいなら「ETF」

ETFも、投資信託の一種です。インデックスファンドと同じで、

日経平均株価やS&P500などの特定の指数と連動した値動きをします。一般的な投資信託と違って証券取引所に上場しているため、「上場投資信託」と呼ばれています。

◉ETF……上場投資信託。証券取引所で株式と同じように売買できる投資信託。

E ／ Exchange（証券取引所で）

T ／ Traded（取引される）

F ／ Funds（投資信託）

◉上場……証券取引所で売買できるように、証券取引所が審査して、資格を与えること。

一般的な投資信託とETFのおもな違いは、次の４つです。

(1)販売元の違い

国内ETFの場合、どの証券会社でも同じ銘柄を購入可能です（海外ETFは、売買できる証券会社が限られている）。

一方、一般的な投資信託は証券会社、銀行、郵便局などでも扱われていますが、金融機関ごとに取り扱う商品が異なります。

(2)取引の違い

ETFの取引価格は、株式投資のようにリアルタイムで値動きしています。取引所の取引時間中であれば、そのときの価格を見ながら「自分が買いたい価格」で、１日に何回でも取引ができます。

一方、一般的な投資信託は、１日１回算出される「基準価額（かがく）（投資信託の値段のこと）」で取引します。基準価額は、注文した翌営業日に公表されるため、今日購入しても、いくらで購入したのかは明日にならないとわかりません。また、1日1回しか購入できません。

(3) 手数料の違い

ETFと一般的な投資信託では、ETFのほうが購入時手数料や信託報酬（保有期間中の手数料）が比較的安くなっています。

(4)ETFは積み立てができない

つみたてNISA採用の7銘柄など、ごく一部を除き、ETFでは投資信託のような積立購入ができません。

「自分のタイミングで値動きのある投資にチャレンジしたい」という人、「少しでも手数料を安くしたい」という人には、ETFのほうがメリットがあるといえるでしょう（ただし、自分で売買する分、リスクは高くなります）。

3 「毎月分配型」は選ばない

投資信託には、月1回や年1回など、「定期的に分配金が支払われるタイプ」と、解約または売却するまで分配金が支払われずに再投資する「分配金が支払われないタイプ」があります。

◉分配金……投資信託の運用によって得られた収益などを一定期間ごとに投資家に還元するしくみ。株の配当に相当。

毎月分配型は、1カ月ごとに決算を行い、分配金を毎月支払う投資信託です。「毎月の定期収入になる」「年金収入を補完できる」といったメリットがある一方で、デメリットもあります。

◆毎月分配型のデメリット

- **運用状況によっては、分配金額が変わったり、分配金が支払われない場合がある**（利益が出ていない場合、元本部分を削って分配金に回すことがある）。
- **手数料が高くなりやすい。**
- **複利効果**（運用で得た収益を再投資することで、利益が利益を生む効果のこと。13位で詳述）**が働きにくい。**
- **毎月支払われる分配金には、その都度税金がかかる。**
- **長期的な資産形成には不向き。**

「シニア世代の場合、毎月分配型投信はマッチする場合がある」
「長期的に運用して資産を大きく育てたい世代には、毎月の分配金を出さない投資信託のほうが理にかなっている」
というのが、多くのマネー本著者の意見です。

Column 1

「株式会社」のしくみ

「株式会社」とは、「株式」を発行して資金を集め、そのお金を使って経営を行う会社のことです。

◉株式……他の企業や個人から出資を募るために発行する証券（株券）のこと。株券は今は電子化されているため、紙の証券が発行されることはない。株式発行は金融機関からの借入金とは違うため、返済の義務はない。

株式（自分の買いたい株式）が証券取引所に上場（公開）されていれば、証券会社を通じて購入できます。

日本には東京証券取引所（東証）、名古屋証券取引所（名証）、福岡証券取引所（福証）、札幌証券取引所（札証）の４つの証券取引所があり、それぞれが市場を開設しています。

証券取引所で売買できる株式を「上場株」、上場していない株式を「非上場株」「未公開株」と呼びます。

日本の中小企業の株は、ほとんどが「非上場株」「未公開株」です。「非上場株」「未公開株」は証券取引所で売買できませんが、当事者間での売買が可能です。

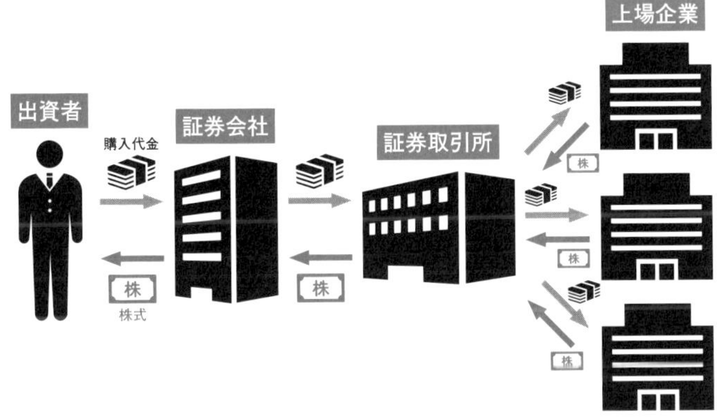

出資した人（株式を購入した人）は、「株主」となります。株主には、

- **株主総会に参加して議決に加わる権利**
- **配当金**（企業が株主に利益を分配するお金）**や株主優待などの利益を受け取る権利**
- **会社が解散する際、残った会社の資産を分配して受け取る権利**

があります。仮に会社が倒産した場合、出資したお金はごく一部しか戻りません。

各企業が発行している株式１株当たりの値段を「株価」といいます。現在の株価に、発行済株式数を掛けて求められる指標が「時価総額」です。時価総額が大きい企業ほど、「企業価値が高い」「将来への期待度も高い」と評価されます。

時価総額＝株価×発行済株式数

株価に定価はなく、常に変動しています。株価は「株を買いたい人」と「株を売りたい人」の需給関係によって決まります。

流通している株式の数には限りがあり、「買いたい人」が多くなるほど、株価は上がります。

ネットオークションや競売（セリ）をイメージするとわかりやすいと思います。

人気のある株式＝株価は高い

- 会社の業績が上がる

⬇

- その会社の株式を「買いたい」と思う人が増える（その会社の株式を持っていると配当金がもらえたり、将来的に高く売れるため）

⬇

- 株価が上がる

◆投資家が株式を買いたい、売りたいと思うきっかけ

- **会社の業績の良し悪し**
- **景気の良し悪し**
- **業界の浮き沈み**
- **金利変動**
- **世界情勢の変化**
- **為替(かわせ)レートの変動　など**

「株式とは、企業の所有権の証書のことです。あなたが1億株の発行済株式がある企業の株式を100株購入すると、その企業の100万分の1を所有することになります。（略）

多くの人がその企業の将来性を気に入り始めると、彼らの買い注文がその株価を押し上げます。反対に、彼らがその企業の先行きを気に入らなければ、持ち株を売り始めます」（アレキサンダー・エルダー『ザ・トレーディング』／FPO）

投資による利益には、「インカムゲイン」と「キャピタルゲイン」があります。

インカムゲインは、「資産を保有していれば、継続的に受け取れる利益」のこと。配当金や不動産の家賃収入などです（配当金については26位で詳述）。

キャピタルゲインは、保有する資産を売却することで得られる利益のこと。不動産や株式の値上がり益などです。

株式投資の場合、「株価が下がったとき」に買って、「株価が上がったとき」に売れば、その差額が利益になります。

3位 誰でもある「無駄な支出」を今すぐ減らす

Point

1 「何にいくら使っているか」をざっくりつかむ
2 まず固定費から見直す
3 「欲しいもの」ではなく「必要なもの」を買う
4 貯蓄・投資分は先取りする

3位は「誰でもある『無駄な支出』を今すぐ減らす」です。支出とは「お金を支払うこと」で、100冊の著者の多くが、

「お金を貯めるには、無駄な支出を減らすことが不可欠」

と考えています。

◆支出の見直しをすすめる理由

- **無駄な支出を減らすことは、誰にでもできる。**
- **収入を増やすより、支出を減らすほうが容易である。**
- **「稼ぐ」は時間がかかるが、「使わずに貯める」はすぐに成果が出る。**
- **市場や相場はコントロールできないが、節約は自分の力でコントロールできる。**
- **固定費**（住居費、水道光熱費、保険料、通信費、定額サービス費など）**を減らせば、継続的に支出を抑えられる。**
- **節約によってできたお金を投資に回せば、資産が増える。**

「多少の貯金ができたときでさえも、僕は自分の贅沢のためにお金を使うことはほとんどなかった。

のちに月給が増えても、生活費などの消費に回すのは２割くらいで、残りの８割は貯蓄と投資に回していた。

働いて得たお金ではムダ使いをしない」（泉正人『お金の大事な話』／WAVE出版）

「身の丈に合った暮らしをしよう。おカネを賢く使い、必ず定期的に貯金すること。（略）

きちんと貯めて、出費をなるたけ抑えられるような大人にならなくちゃ。そう、収入の範囲内で生活をしないといけないんだ」

（デヴィッド・ビアンキ『13歳からの金融入門』／日本経済新聞出版）

1 「何にいくら使っているか」をざっくりつかむ

100冊の著者の多くが、

「貯金ができない人は、無駄遣いをしている」

「貯金ができない人は、現在の収支状況を把握していない」

と指摘しています。貯蓄を増やすためには、収入と支出をしっかり管理することが大切です。

公認会計士の林總さんは、著書の中で、家計の実態をつかむことの大切さを強調しています。

「収入も支出も貯金額も大幅に間違って把握していたり、皆目見当もつかない、という家庭が多いのです。（略）

こうした『どんぶり勘定』で、家計の実態が見えていないのは、

非常に恐ろしいことです。収入が低いことよりも、実態が見えていないことのほうが怖いと私は思います」（『新版　正しい家計管理』／すみれ書房）

ファイナンシャル・プランナーの泉美智子（いずみみちこ）さんも、**「資産形成を考える上では、収入はもちろん重要ですが、家計支出が最も注視すべき“キモ”となります。自分の貯蓄は多いのか少ないのかと疑問に思っている人も、まずは自分の家計収支から貯蓄や投資に回せる額の把握から始めましょう」**（『今さら聞けない投資の超基本』／朝日新聞出版）と述べています。

自分が「何に、いくら使っているのか」を把握する方法として、多くの著者が「家計簿をつける」ことをすすめていました。

100冊に紹介されてあった「家計簿を長続きさせるコツ」をまとめると、以下になります。

◆家計簿を長続きさせるコツ

- **手書きや表計算ソフト、アプリなどさまざまな種類があるので、いくつか試してみて、自分に合った家計簿を見つける。**
- **食費や日用品費といった支出項目を、最初から厳密に分けなくていい。支出項目がたくさんあると「これは、どの項目に入れたらいいのか」と迷ってしまう。最初は項目を少なくして、慣れてきたら項目を増やしていく。**
- **家計簿をつけるタイミングを決めておくと、習慣化しやすい。**
- **「何に、どれくらいのお金を使っているのか」を把握することが目的であれば、１円単位のお金の誤差は気にしなくていい。**

家計簿をつけるのが面倒であれば、「レシートを集める」だけでも、自分の支出のクセを把握できます。

たとえば、レオス・キャピタルワークス代表取締役会長兼社長・最高投資責任者の藤野英人(ふじのひでと)さんは、**「ノートや何かに記録するのでもいいのですが、手間がかかりすぎるので、領収書をもらうのがいちばん手っ取り早くて、カンタンです」**(『投資家が「お金」よりも大切にしていること』/星海社)と述べ、次の方法を提案しています。

- 1カ月間、すべての買い物(消費活動)に領収書(レシート)をもらう。

  ↓

- 大きなビニール袋を用意して、帰宅するたびに、その日の領収書を投げ込む。

  ↓

- 1カ月続けたら、溜まった領収書を一気に見直す(1カ月が長いようなら1週間でもいい)。

漫画家のおづまりこさんは、**「家計簿はちょっとハードルが高いけどレコーディングなら簡単にできる」**(『おひとりさまのゆたかな年収200万生活』/KADOKAWA)と考え、支出のレコーディングを開始。支出のレコーディングとは、「支出を記録すること」です。半年ほど続けると、お金の使い方が変わってきたそうです。

- 買い物でレシートをもらう。

　　↓

- １日１ページの手帳に毎日「お店」「金額」をメモする。

　　↓

- 今まで見ないフリをしていた無駄遣いが見える化される。

レシート（クレジット明細なども含む）を見直すだけでも、

- **いかに衝動買いを続けていたかがわかる**
- **何にお金を使っているのか、自分の支出の傾向が具体的になる**

といった効果があります。

2 まず固定費から見直す

支出は「固定費」と「変動費」に分かれます。

◉固定費……毎月、固定で払っている費用のこと。住居費（家賃、住宅ローン）、水道光熱費、通信費（スマホ代、月額費用のかかる定額サービス）、教育費など。

◉変動費……月によって、支払い額が変わる費用のこと。食費、医療費、日用品費、交通費、衣料品費など。

固定費と変動費に分けて、支出を見てみる

固定費	変動費
毎月、固定で払っている費用 ● 住居費（家賃、住宅ローン） ● 水道光熱費 ● 通信費（スマホ代、月額費用のかかる定額サービス） ● 教育費　など	**月によって、支払い額が変わる費用** ● 食費 ● 医療費 ● 日用品費 ● 交通費 ● 衣料品費　など

家計の見直しにおいてまず着手したいのは、**「固定費の削減」**です。毎月の支出額が減れば、「節約効果」が長く続きます。

「固定支出は毎月決まった金額だけに、一度そぎ落とせば、その分は安定した結果が伴います。裏を返せば、固定支出はカットしないかぎり、あなたから永遠にお金を搾取しつづけるものだともいえます」（横山光昭『年収200万円からの貯金生活宣言』／ディスカヴァー・トゥエンティワン）

代表的な固定費の見直し例

★住居費

● 家賃が少しでも安い部屋へ引っ越す。家賃は収入の30%程度までに抑えるのが理想的。

● 繰り上げ返済や借り換えをして、住宅ローン負担を抑えるなど。

★水道光熱費

● 契約プランや契約会社を見直す。

- 電気とガスのセットプランにする。
- 電気・水道・ガスの使用量を減らす。
- 省エネ家電に買い替える　など。

★通信費

- 格安プランや格安スマホ（格安SIM）へ乗り換える。
- スマホとインターネットをセットで申し込むと、料金が安くなる場合がある。
- 契約したままで使っていないサブスクリプション（定額サービス）を解約する　など。

★保険料

- ライフステージに合わせて、保障内容を見直す。
- 複数の保険に入っている場合、保障内容が重複していないか見直す　など。

★車

- 自動車保険を見直す（不要な補償や特約が含まれていないかを見直す）。
- カーリース、カーシェアリング、レンタカー利用などへの切り替えを検討する。
- 料金の安い駐車場を利用する。
- 税金や保険料が安い車や、燃費がいい車を選ぶ　など。

★教育費

- 手当り次第に習い事をしない（させない）。
- オンライン授業やITツールを活用すれば、塾や教室に通うよりも費用がかからない場合がある。

3「欲しいもの」ではなく「必要なもの」を買う

変動費を減らすポイントは、「必要なもの」と「欲しいもの」を区別して、**「必要なものに優先的にお金を使う（欲しいものはあと回しにする）」**ことです。「必要なもの」は限られていますが、「欲しいもの」は限りがないため、何も考えずに欲しいものを買っていると、いくらお金があっても足りません。

「必要なものとは、生活をしていく上で必要不可欠なもの。欲しいものは、なくても生きていけるものだ。多くの人は、欲しいものが必要なものと勘違いする。（略）

欲しいものが出てきたら、一週間待ちなさい。それでも欲しいものは、もう一週間待ちなさい。それでも欲しければ、そこで買ったらいい」（本田健『ユダヤ人大富豪の教え』／大和書房）

「必要なもの（ニーズ　Needs）なのか欲しいもの（ウォンツ　Wants）なのかを分けて考えるのがポイントです。『ニーズ』と『ウォンツ』を区別することで、賢い消費生活を送ることができます」（黒田尚子『お金が貯まる人は、なぜ部屋がきれいなのか』／日本経済新聞出版）

マネー本がすすめる「変動費を減らすコツ」を抜粋して紹介します。

◆変動費を減らすコツ

- 意味のない飲み会や外食を減らす。
- 必要がないなら、コンビニには立ち寄らない。
- 買い物の回数を減らす。食材は、安いときにまとめ買いする。
- 図書館を利用する。
- お弁当や飲み物を持参する。
- 日用品の購入は会員割引のある店を活用する。
- リユースショップやフリマアプリを活用する。
- お金がかからない趣味・娯楽を見つける。
- スポーツジムには入会せず、公共施設を利用する。
- セール価格になるまで待つ　など。

4 貯蓄・投資分は先取りする

「支出の額は、収入の額に達するまで膨張する」という法則（パーキンソンの法則）があるように、人間はあればあるだけお金を使う傾向にあります。「お金が余ったら貯蓄や投資をする」という考え方では、毎月の貯金額（投資額）にバラツキが出る上に、出費が多い月には貯金や投資にお金を回せなくなります。

したがって、**「貯蓄分や投資分を先取りし、残ったお金で生活をする」ほうが、お金を増やすことができます。**

収入があったら、先に貯蓄・投資分を先取り

×「収入額ー支出額（生活費）＝貯蓄額（投資額）」

○「収入額ー貯蓄額（投資額）＝支出額（生活費）」

「『振り込まれた給料で1カ月間生活して、残ったお金を投資にあてよう』と考えている人もいると思います。

そういう発想だと、間違いなく計画は頓挫します。(略)

給料が入ったら、まずは投資資金を確保しましょう」(長期株式投資『オートモードで月に18.5万円が入ってくる「高配当」株投資』/KADOKAWA)

「貯金のお金を先取りする方法は、『pay yourself first(まず自分のためにお金を使う)』と表現されることもある。貯金は自分のためだということを思い出させてくれる言葉だ。貯金のお金は最初からないものと考えれば、使いたい誘惑に打ち勝つのも簡単になるだろう」(アンドリュー・O・スミス『アメリカの高校生が学んでいるお金の教科書』/SBクリエイティブ)

老後資金は「iDeCo（イデコ）」で増やす

Point

1. 掛金は加入者が自由に決める（上限あり）
2. 金融商品は自分で選んで組み合わせる
3. ライフプランに合わせて受け取り方を決める

４位は、「老後資金は『iDeCo（イデコ）』で増やす」です。

100冊中34冊に、「iDeCoのメリット」について書かれてありました。

◉iDeCo（イデコ）……公的年金（国民年金、厚生年金）にプラスして個人で加入できる私的年金（企業や個人が任意で加入できる年金のこと）。定期預金や保険商品、投資信託などを利用して老後のための年金を積み立てる。基本的に「20歳以上65歳未満」のほぼすべての人が加入できる。

◉年金制度……年を取ったり、事故などで健康状態に問題が生じたりしたときに、お金を受け取れる制度のこと。

iDeCoという名称は、個人型確定拠出年金（こじんがたかくていきょしゅつねんきん）の英語表記である「individual（インディビジュアル）-type（タイプ） Defined（ディファインド） Contribution（コントリビューション） pension（ペンション） plan（プラン）」

- individual-type＝個人型

- Defined Contribution＝確定拠出
- pension plan＝年金

（自分で確定させた掛金を毎月支払う個人向けの年金制度）の略です。

「拠出」とは、お金（掛金）を支払うこと。「確定拠出」とは、自分で確定させた（決めた）掛金額を定期的に支払うことです。

「これまでの制度では、会社員や公務員の場合、1階部分に国民年金（基礎年金）、その上の2階部分に厚生年金があるというように、年金は2階建てになっていました。自営業やフリーランスの人は2階部分がなく、国民年金だけです。（略）

iDeCoができたのは、これでは不十分だという人が、自分で3階部分（自営業者などは2階部分）を作れるようにするためです」（池上彰、「池上彰のニュースそうだったのか!!」スタッフ『20歳の自分に教えたいお金のきほん』／SBクリエイティブ）

iDeCoの「ｉ」には「私」の意味も込められていて、「いくら積み立てるか、どんな金融商品で運用するか、どのように受け取る

かを私自身で決める」というiDeCoの特徴をあらわしています。

iDeCoを使って投資信託を「長期間、積立運用」すると、効率的に老後資金を用意できる可能性があります。

「iDeCoとは、ひと言でいえば、『節税しながら老後資金を準備できる制度』のこと。自分でお金をだして、預金や投資信託などで運用していき、60歳以降に運用してきたお金を受け取るしくみです」（竹川美奈子『改訂新版　個人型確定拠出年金　iDeCo活用入門』／ダイヤモンド社）

「確定拠出年金は、さらに企業型と個人型に分かれていますが、企業型は企業が導入を決めますが、個人型は個人が自らやるかやらないかを選択できます」（水瀬ケンイチ『お金は寝かせて増やしなさい』／フォレスト出版）

iDeCoの流れ

- **自分で金融機関を選んで、加入手続きをする**

↓

- **運用する商品を選ぶ**

金融機関が取り扱っている金融商品の中から、商品と配分の割合（どの商品を何%ずつ買うか）を決める。

↓

- **一定額の掛金を支払い続ける**

掛金の上限額は加入者の属性（自営業、専業主婦、会社員　など）によって異なる。65歳まで加入できる。

↓

• 60歳から75歳までの間に受け取れる

受け取り方には、「一時金（一括）」と「年金（分割）」がある。金融機関によっては、年金と一時金を併用できる。

※iDeCoの加入資格と掛金の上限（拠出限度額）の詳細は、「iDeCo公式サイト」（https://www.ideco-koushiki.jp/）で確認できます。

◆iDeCoのおもなメリット

(1) 3つの税制優遇がある

iDeCoでは、掛金、運用益（投資している商品が値上がりしたあとに売却して得た利益や分配金など）、給付金（受け取るお金）に、税制上の優遇措置が設けられているため節税になります。

優遇① 掛金全額が所得控除の対象

所得控除とは、所得の合計金額から一定の金額を差し引く制度のことです。iDeCoの掛金は全額、所得控除の対象です。確定申告や年末調整で申告すれば、「所得税」と「住民税」を節税できます。

節税額はその人の年収や掛金によって違います。仮に毎月の掛金が１万円の場合、所得税（10%）、住民税（10%）とすると、年間２万4000円、税金が軽減されます（参照：iDeCo公式サイト）。

年収650万円で給与所得控除などを引いた額が約400万円の人の場合は、毎月２万円を投資信託で積み立てると、所得税が20%、住民税が10%として、年間７万2000円の軽減になります。

優遇② 運用で得た収益も非課税

通常、投資信託などで出た利益や定期預金の利息分には

「20.315%」の税金がかかりますが、iDeCoなら非課税で再投資できます（利息については13位で説明）。

優遇③　受け取るときは一定額まで非課税

「一時金」として一括で受け取る場合は「退職所得控除」、「年金」として分割で受け取る場合は「公的年金等控除」が適用されます。これらの控除を所得から差し引いて税負担を軽くできます。

(2) 転職や退職をしても運用を継続できる

結婚して会社員から専業主婦（主夫）になったり、自営業に変わった場合でも、引き続き加入し続けることができます。

たとえば、企業年金は転職する際に精算が必要になる場合があります。iDeCoの場合、掛金を払い込んでいる期間中に転職しても、運用を継続できます。

◆iDeCoのおもなデメリット

- **60歳になるまでは、原則として受け取れない。**
- **基本的には途中脱退・解約できない。**
- **将来、受け取れる額が確定しているわけではない。受け取る額は運用成績によって変わる。**
- **金融商品の中には、元本が確保されていないものが多い。**
- **各種手数料がかかる**（加入時・移換時手数料、口座管理手数料、給付事務手数料、還付事務手数料）。**投資信託を選んだ場合は「信託報酬」**（32ページ）**も発生する。**

1 掛金は加入者が自由に決める(上限あり)

iDeCoでは、自分で設定した掛金額を積み立てていきます。

毎月積み立てるのが基本ですが、「年単位」で支払うことも可能です(ただし、企業型確定拠出年金/DCに加入している場合、年単位は選択できない)。

◆加入の注意ポイント

- **掛金額の上限**(拠出限度額)**は、個人の属性**(職業や会社の状況)**によって異なる。**

タイプ別の掛金の上限額

第1号被保険者	●自営業……月額6万8000円
第2号被保険者	●会社員(企業年金なし)……月額2万3000円 ●会社員(企業型確定拠出年金のみに加入)……月額2万円 ●会社員(企業型確定拠出年金と確定給付企業年金に加入)……月額1万2000円 ●会社員(確定給付企業年金のみに加入)……月額1万2000円 ●公務員……月額1万2000円
第3号被保険者	●専業主婦(主夫)……月額2万3000円

※詳細はiDeCo公式サイトなどで確認してください。

- **自営業者**(国民年金の第1号被保険者)**に限って、「国民年金基金とiDeCoの併用」ができる。国民年金基金は、自営業やフリーランスを対象とした国民年金の上乗せ年金制度のこと。ただし掛**

金の上限は、「両方合わせて月額６万8000円」。

- **月々5000円から始められ、掛金額を1000円単位で設定できる。１年に１回変更可能。**
- **失業、転職、病気など支払いが困難になった場合、掛金の支払いを一時停止できる**（今まで積み立てた額で運用を続ける）。
- **企業型確定拠出年金の「マッチング拠出**（企業が支払う掛金に本人が上乗せすること）**」とiDeCoの併用はできない。**

2 金融商品は自分で選んで組み合わせる

国民年金や厚生年金は、加入者が運用に関わることはありません。しかしiDeCoの場合、自分で金融機関を選択し、自分で掛金額と運用する金融商品を選びます。

ひとつの金融商品に全額支払ってもいいですし、複数の金融商品を組み合わせることもできます。**ひとつの金融商品のみに投資をするより、複数の金融商品に分散投資**（1位参照）**をしたほうが、元本割れのリスクを軽減できます。**

「年金といいつつ、将来もらえる額はそれぞれの運用の腕次第で変わってきます。当然、積み立てた金額に比べて得をする人もいれば、損をする人も出てきます」（小林義崇『すみません、金利ってなんですか？』／サンマーク出版）

金融商品は、大きく「元本確保型」と「価格変動型」の２つに分けられます。

金融商品の種類

- **元本確保型**

代表的なのは、定期預金や保険商品。金利が低いので大きく資産を増やすことはないが、購入金額を下回ることはない。利息額を手数料が上回る場合がある。

- **価格変動型**

投資信託が典型。元本が保証されておらず、運用成績によって資産が増減する。運用がうまくいけば「元本確保型」よりも大きな利益が得られる一方、運用がうまくいかずに損失が出ることもある（投資信託を選ぶときのポイントは、2位を参照）。

商品購入後、運用する商品の種類や購入比率（配分の割合）を変えることも可能です。

運用商品の変更例

- 年齢が高くなったら、リスクを減らす。株式の割合を減らし、債券に投資する投資信託の割合を増やす。
- 値下がりして回復が見込めない投資信託は売却。代わりの投資信託に買い替える（商品の一部または全部を売却して、他の商品を購入することを「スイッチング」といいます）。

3 ライフプランに合わせて受け取り方を決める

iDeCoの年金資産は、原則、「60歳以降、75歳に達するまでに受け取りを開始」できます。

ただし、**60歳から受け取るには、60歳になるまでにiDeCoに加入していた期間**（通算加入者等期間）**が10年以上必要です。**

50歳以上で加入した場合など、期間が10年に満たない場合は、受給可能となる年齢が引き上げられます（60歳からは受け取れない）。

また、60歳以上ではじめて加入した人は、加入から５年を経過した日から受給できます。

受給開始年齢は加入期間によって変わる

通算加入者等期間	受給開始年齢
10年以上	満60歳
8年以上10年未満	満61歳
6年以上8年未満	満62歳
4年以上6年未満	満63歳
2年以上4年未満	満64歳
1カ月以上2年未満	満65歳

なお、加入者が60歳前に死亡した場合には、死亡一時金として遺族に支払われます（手続きが必要）。

◆iDeCoの受け取り方法

受け取り方法は、次の３つです。

どの方法を選んでも、公的年金等控除や退職所得控除といった税の優遇を受けられます。どの方法を選ぶかは、60歳以降のライフプランを踏まえて検討します。

(1)一時金として一括で受け取る

iDeCoの資産を75歳になるまでに一括で受け取ります。

(2)年金として分割で受け取る

５年以上20年以下の期間で、分割して受け取ります。

年金で受け取れる期間や回数は、金融機関によって異なります(受け取り期間を５年、10年、15年、20年の中から、年間の支給回数を１回、２回、４回、６回の中から選択する、など)。

(3)一時金と年金を組み合わせる

一部を一時金として、残りを年金として分割で受け取ります(金融機関によっては対応していない場合もある)。

「例えば、自営業者や専業主婦(夫)が退職金の代わりに資金を得たいと思うならば、一時金を選択します。60歳以降にも若干の収入がある場合は、65歳から年金として受け取ることを選択してもいいですし、公的年金支給までのつなぎとして60歳の時点で年金で受け取るという考え方もあります」(『基礎からわかる！　つみたてNISA & iDeCo　初めての投資編』／メディアックス)

「売り時」は先に決めておく

Point

1 損切りはお早めに

2「リバランス」でリスクを抑える

５位は「『売り時』は先に決めておく」です。

マネー本の著者の多くが、**「投資は、『買い時』よりも『売り時』が難しい」**と指摘しています。

なぜなら、「もう少し待てば、もっと儲かるかも」「もう少し待てば、損失が少なくなるかも」と売るタイミングを遅らせた結果、かえって運用成績が悪くなる（損失が大きくなる）ことがあるからです。

「もっと早く売っていれば、これほど損はしなかったのに……」
「売らずに持っていれば、もっと利益が出たのに……」

といった後悔をしないためには、「どのタイミングで売るのか」、自分なりの基準やルールを決めておくことが大切です。

◆売り時のおもなタイミング

- **目標額に到達したとき。**
- **ライフイベントが発生し、まとまったお金が必要になったとき（結婚、出産、子どもの入学、親や自分の介護、転職、退職など）。**

- **保有する銘柄のリスクが過大になったとき。**
- **長期的な値上がりが期待できないとき。**
- **大きなリターンを見込める銘柄が他に見つかったとき。**
- **資産のリバランスをするとき（リバランスとは、投資配分の比率を見直すこと。69ページで説明）。**

◆金融商品の売却方法

売却方法には、「一括売却（一部売却）」「定期売却」があります。

(1)一括売却（一部売却）

保有している資産を一度にすべて売る方法です。**「一括で売ると目標金額が手に入る」場合や、「まとまったお金が必要なとき」におすすめ**です。ただし、大きく値下がりしているときに一括で売却すると、売却益が少なくなってしまいます。

一度にすべて売るのではなく、「一部だけ売却する」という選択肢もあります。

(2)定期売却

保有している資産を定期的に取り崩していく方法です。残っている資産は、引き続き運用が継続されるため、資産の寿命を延ばすことができます。

定期的に少しずつ売却すれば、時間分散の効果（20ページ参照）が得られるため、「資産のすべてを安値で売ってしまう」ことも避けられます。老後の生活資金など、毎月少額のお金が必要な人におすすめです。

1 損切りはお早めに

購入時より価格が下がり、損失が生じているときは、早めに「損切り」をして、違う金融商品（銘柄）を購入したほうがいい結果につながることがあります。

●損切り……株が購入時よりも値下がりをしているときに売却をし、損失を確定させること。

マネー本の著者の多くが、損切りの重要性を述べています。**損切りをすると小さな損はしますが、「大損」を回避できます。**

「株の初心者はこの損切りができずにつまずきやすい。
利確（利益確定）は早いのに、損切りはなかなかできず、買ったときの値段まで戻るのを待ちたくなってしまう。その株で損した事実を直視したくないからだと思う。（略）
『損したくない、損を認めたくない』という人間的な感情が、相場では敗北につながる」（cis『一人の力で日経平均を動かせる男の投資哲学』／KADOKAWA）

「損切り注文を置かずにトレードするのはギャンブルです。トレードにスリルを追い求めているならば、本物のカジノに行くことを勧めます。（略）
損切り注文は、長期的な生き残りと成功には不可欠です」（アレキサンダー・エルダー『ザ・トレーディング』／FPO）

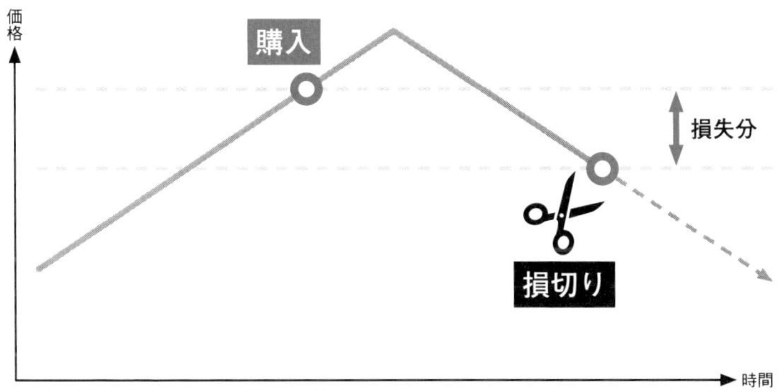

◆損切りのおもなメリット

(1) 損失の拡大を食い止めることができる（損失を最小限に抑える）

投資の格言のひとつに「見切り千両」という言葉があります。「損失の少ないうちに早めに見切りをつけることは千両の価値がある」という教えです。価格が回復するのを期待してズルズルと保有し続けると、損失が大きく膨らむ可能性があります。

「大切なのは、早い段階で損切りすることだ。あなたは、小さな損失を出すことによって、自らを大きな損失から守ることができる」（マックス・ギュンター『マネーの公理　スイスの銀行家に学ぶ儲けのルール』／日経BP）

「『業績は悪くないから、いずれ持ちなおすだろう』と思っても、その時点で損切りして現金化するのが得策です」（遠藤洋『10万円から始める！　小型株集中投資で1億円』／ダイヤモンド社）

たとえば、株価が1000円のときに100株買い（購入金額は10万円）、900円に下落したタイミングで売却すれば（９万円で売却）、損失額は１万円で確定し、それ以上に損失が大きくなることはありません。

(2)売却したお金で新たな投資ができる

投資の世界では、「『売ると損が確定してしまう』ことを理由に、値上がりが期待できない銘柄をいつまでも持ち続けること」を「塩漬け」といいます（12位でも説明）。

値上がりの見込みがない銘柄は早く手放して、次の銘柄に買い替えたほうが、損失をカバーできる可能性が高くなります。

「この銘柄は、これ以上は下がらないだろう」という思い込みは厳禁です。早めの損切りで塩漬けを避けることが大切です。

「株価が下がったからといって、もう下がらないというわけではない」（ピーター・リンチ『ピーター・リンチの株式投資の法則』／ダイヤモンド社）

損切りの目安は、一般的に「買値の５～10％の損失が出た場合」とされていますが、これはあくまで参考にすぎません。

「投資する銘柄や、投資する期間によってタイミングは異なる」

「人によってリスクに対する許容範囲が異なる」

「人によって投資の目的が異なる」

ため、損切りするタイミングに一律の基準はありません。**大事なのは、「自分なりの損切りの基準をつくっておく」こと**です。

たとえば、インデックスファンドやETFで長期・分散投資をしている場合、資金をすぐに回収する必要がなければ、「損切りをせずに投資を続ける」という選択肢もあります。

しかし、長期・分散投資をせずに特定の業種、特定の国、特定の企業にのみ投資をしている場合、損切りが遅れると損失が大きくなる可能性があります。

「自分がなぜ投資するのかを明確にしておき、それから外れたら売る、というルールを決めておいた方がいいと思います」（たぱぞう『お金が増える　米国株超楽ちん投資術』／KADOKAWA）

「投資スタイルを確立し、買おうとする銘柄を決めたら、買ったあとのシナリオも作ります。株価がどこまで上がったら利益確定するか、逆に、どこまで下がったら損切りするかなど、あらかじめ対処法を考えておくのです。

このようにシナリオを作っておけば、売買のタイミングを逃すこともありません」（安恒理『いちばんカンタン！　株の超入門書　改訂３版』／高橋書店）

2 「リバランス」でリスクを抑える

分散投資をしている場合、金融商品の価格変動によって、時間の経過とともに当初の資産配分が崩れることがあります。

崩れた資産配分を元の比率に戻すことを「リバランス」といいます。

◉リバランス……相場の変動により当初決めた資産配分（資産比率）の割合が変わってしまったとき、保有資産の一部を売買して、当初の配分に戻すこと。リスクを抑えリターンを安定させる効果が期待できる。

たとえば、100万円の資金で、
「リターンもリスクも高い商品Ａ…50万円分」
「リターンもリスクも低い商品Ｂ…50万円分」
を購入したとします。このときの資産配分は
商品Ａ：商品Ｂ＝50％：50％
です。数年後に「商品Ａは値上がりして70万円に、商品Ｂは値下がりして30万円になった場合、その時点での投資配分は、
商品Ａ：商品Ｂ＝70％：30％
です。**商品Ａの配分が高くなったことで、当初の配分よりもリスクが大きくなっています。**このような場合、リバランスをして初期の資産配分に戻すことも必要です。

リバランスの方法

- **資金を追加せず、運用資産内でリバランスする**

商品Ａの一部を売却し、その利益で商品Ｂを買い増して、「50％：50％」の資産配分に戻す。

- **新たな資金を追加する**

資金に余裕がある場合、商品Ａを売却せず、新たな資金で商品Ｂを買い増して、「50％：50％」の資産配分に戻す。

リバランスは、「半年ごと」「1年ごと」など、定期的に行うと効果的です。日本証券業協会では、**「個人の場合は1年に1度、家計全体の棚卸しの一環としてのリバランス」**をすすめています（参照：日本証券業協会ホームページ）。

保有資産をリバランスする

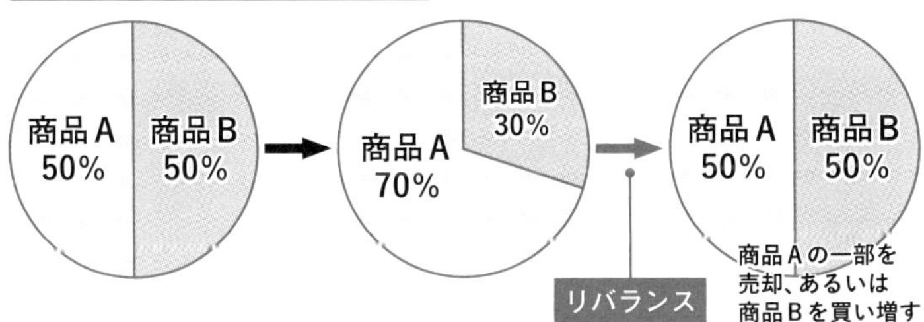

「資産配分が崩れたままだと、知らないうちに過剰なリスクを取ってしまう恐れがあります。（略）

自分が決めた資産配分と比べて、比率が大きくなり過ぎた資産クラスのインデックスファンドを売って、比率が小さくなり過ぎた資産クラスのインデックスファンドを買うという作業をします」

（水瀬ケンイチ『お金は寝かせて増やしなさい』／フォレスト出版）

「リスク」は恐れ過ぎず、取り過ぎない

Point

1 「自分のリスクの許容度」を考える

2 生活資金は投資に絶対回さない

3 世の中に「うまい話」はない

6位は「『リスク』は恐れ過ぎず、取り過ぎない」です。

投資にはリスクがともないます。リスクとは、日常的には「危険、危機」「悪いことが起きる可能性」の意味で用いられますが、投資の世界では**「予想できない」**という意味を含みます。

◉リスク……結果が不確実であること（予想どおりにいかない可能性があること）。「価格変動の振れ幅（値動き）」のこと。

1位でも説明したように、不確実の度合いが大きいこと（価格変動の振れ幅が大きいこと）を「リスクが大きい（高い）」、小さいことを「リスクが小さい（低い）」といいます。リスクが大きいとは、「大きく損をするかもしれないし、大きく利益（リターン）が**出るかもしれない」という意味です。**

◉リターン……資産運用を行うことで得られる収益のこと。

リスクとリターン

- **リスクが大きい**（価格変動の振れ幅が大きい）

大きなリターンが得られるかもしれないが、大きな損失が出る可能性もある。

- **リスクが小さい**（価格の振れ幅が小さい）

大きなリターンは得られないかもしれないが、損失も小さくなる可能性がある。

「リスクが高くなるほどリターンも高くなり、リスクが低くなるほどリターンも低くなる。ここで大切なのは、リターンを長期的にとらえることだ。長期にわたって運用したときに期待できるリターンを考える」（アンドリュー・O・スミス『アメリカの高校生が学んでいるお金の教科書』／SBクリエイティブ）

リスクにはさまざまな種類があります。

◆おもなリスク

(1)価格変動リスク

金融商品の価格が変動することによって、投資した資産の価値も変動します。商品を売却した場合は、受け取り金額が支払った金額を上回る可能性もあれば、下回る可能性もあります。

(2)信用リスク

債券や株式の発行元（企業や国）が財政難や経営不振に陥ると、株式の価値がゼロになったり、債券であれば元本や利子の支払いが行われなくなったりする可能性があります。

(3) 為替変動リスク

日本円以外の金融商品に投資した場合、為替相場の影響によって、資産価値が変動します（為替については27位で説明）。購入時より「円安」になれば受け取る額が増え（為替差益）、購入時より「円高」になると受け取る額が減ります（為替差損）。

(4) 金利変動リスク

景気や経済の状況などの影響を受けて金利が変動すると、資産価値も変動する可能性があります。とくに、債券は金利の変動に大きな影響を受けやすく、「金利が上昇した場合には、債券の価格は下落する」という関係があります。金利が下がれば逆の動きになります（金利については13位で説明）。

(5) 流動性リスク

流動性とは、売りやすさ、買いやすさのことです。市場規模や取引量の少なさなどが原因で、「売りたくても需要がなくて売れない」「売りたくても、売ると受け取り額が元本を下回る」「買いたいのに供給がなくて買えない」などの可能性があります。

(6) カントリーリスク

投資した国の政治状況、経済状況、内部情勢などが不安定になると、資産の価値が変動する可能性があります。とくに国債は、このリスクの影響を受けやすくなります。

100冊の中には、リスクを振り子にたとえて説明する著者もいました。

- **「振り子が小さく揺れる状態＝リスクが小さい」**
- **「振り子が大きく揺れている状態＝リスクが大きい」**

振り子は、右にだけ振れることも、左にだけ振れることもありません。左右に振れます。投資も同じで、リターンとリスクは表裏一体です。

リターンとリスクは表裏一体

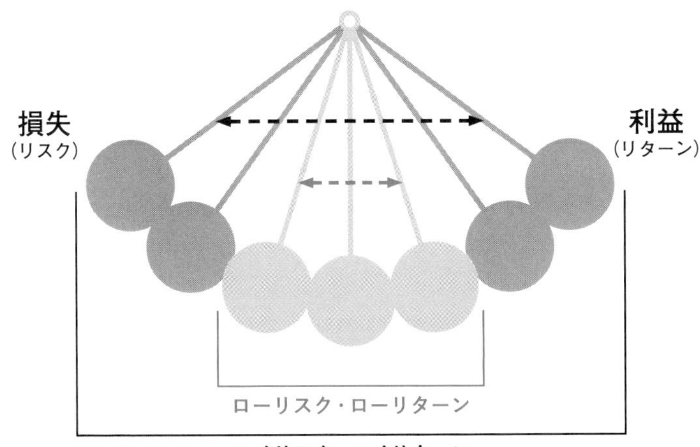

お金を運用する場合、その結果として利益が生じることもあれば、損失が発生することもあります。したがって**投資の世界では、リスクがなく**（小さく）**、リターンが大きい「ノーリスク**（ローリスク）**・ハイリターン」の金融商品は存在しません。**

「現在では、リスクをとらずとお金を増やす方法はありません。（略）

『リスクを全くとらない』という考え方に固執すると、賢明な投資をする機会を失うことになってしまうのです」（ジョージ・S・クレイソン『漫画　バビロン大富豪の教え』／文響社）

1「自分のリスクの許容度」を考える

ファイナンシャル・プランナーの中桐啓貴さんは、著書の中で、リターンからではなくリスクから投資を考えることの大切さに触れています。

「リターンからしか投資を考えていないうちは素人です。プロは常にリスクから考え、リスクに対して最大のリターンが出ているかを考えます。（略）

自分が取っているリスクに対して最大のリターン、つまり最も効率的な資産配分にするために分散投資をするのです」（『日本一カンタンな「投資」と「お金」の本』／クロスメディア・パブリッシング）

リスクとリターンはセットになっていて、リターンを得たいなら、リスクを受け入れる必要があります。ですが、「とにかくリスクを取ればいい」わけでなく、リスクの取り過ぎには注意が必要です（1位で取り上げた「分散投資」や5位で取り上げた「損切り」は、リスクを軽減する方法です）。

世界累計で200万部を突破したベストセラーの邦訳版『サイコロジー・オブ・マネー　一生お金に困らない「富」のマインドセ

ット』(ダイヤモンド社)で、著者のモーガン・ハウセルさんは**「リスクを好きになること。リスクは、時間の経過とともに利益を生む」**と述べたあと、こう続けています。
「ただし、身を滅ぼすようなリスクには細心の注意を払うべきだ。立ち直れないほどのダメージを負ってしまえば、長期間で得られるリターンのためのリスクをそれ以上取ることができなくなる」

立ち直れないほどのダメージを受けないためには、自身の「リスク許容度」を知っておくことが大切です。

◉リスク許容度……「どのくらいの損失なら耐えられるか(受け入れられるのか)」の度合い。

リスク許容度を超えた資産運用をしていると、値下がりが発生した際、不安な気持ちが続いたり、生活に支障が出るほどの損失を抱えてしまうことがあります。

ファイナンシャル・プランナーの泉美智子さんも、**「投資を楽しむには、自分のリスク許容度を知っておくことが重要です」**と述べています。
「どの程度だったら生活に支障をきたさずにいられるかという『資金面』と、心理的に耐えられるかという『心理面』の、双方の観点から判断する」(『今さら聞けない投資の超基本』/朝日新聞出版)

年齢、家族構成、投資経験、年収、資産の額、性格などによってリスク許容度は変わります（金融機関によっては、リスク許容度の診断サイトを用意しているところもあります）。

どの程度までリスクに耐えられるか、自分のリスク許容度に合わせて、金融商品を選ぶことが重要です。

2 生活資金は投資に絶対回さない

リスクとリターンの大きさは金融商品ごとに違いますが、どの商品を選ぶにせよ、

「余裕資金（余剰資金）で投資をする」
「生活資金を投資に回さない」
のが基本です。

◉余裕資金（余剰資金）……当面使う予定がないお金のこと。手持ちの資産のうち、生活費や緊急予備資金（もしものときのために準備しておくお金）を差し引いた資金。

余裕資金を使って資産運用する

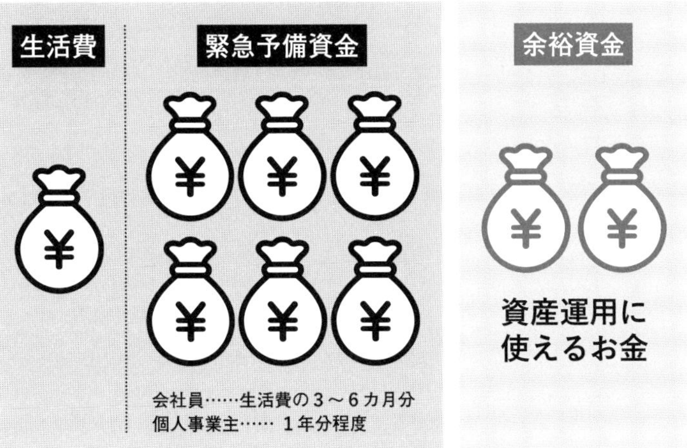

マネー本の著者の多くが、「生活に必要なお金にまで手をつけない」「万が一に備えて現金も持っておく」「投資は本来、余裕資金で行うもの」と述べています。

「どの家庭でも不慮の医療費支払いや一時的な失業時期をしのぐ

ための、安全でいつでも引き出せる形で、ある程度の現金を持つことは絶対必要だ」（バートン・マルキール『ウォール街のランダム・ウォーカー』／日本経済新聞出版）

生活資金で投資をすると、大きな損失が出た場合、生活水準を維持できなくなります。ですが余裕資金を使っていれば、仮に損失が出たとしても、生活を極端に変える必要はありません。投資は余裕資金で行うようにしましょう。

3 世の中に「うまい話」はない

リスクとリターンは比例関係にあるため、基本的に「リスクを取らずにリターンを得る」ことは不可能です。

「うまい儲け話はない」のが投資の世界です。

「毎月10％の配当を受け取れます」

「上場間近なので必ず儲かります。元本保証します」

「Ａ社の株をお持ちでしたら高値で買い取ります」

といった「うまい儲け話」を信じてはいけません。

「『元本保証でリターンがこんなに！』みたいな広告を見かけることもあるけれど、そんなことはあり得ない。感覚値だけれど、年に３％以上の利回りを保証するものは、巧妙にリスクが見えにくいスキームになっているか、詐欺かのどちらかだと思ったほうがいい」（cis『一人の力で日経平均を動かせる男の投資哲学』／KADOKAWA）

◉利回り……元本に対する利益全体の割合。一定期間に、どのくらいの利益が得られたかをあらわす（13位でも説明）。

うまい話にだまされないためには、投資商品について勉強をすることです。

漫画家・イラストレーターのうだひろえさんは、『誰も教えてくれないお金の話』（サンクチュアリ出版）で、**「人がいいと言ったからという理由で投資したり　絶対もうかるからと言われて怪しい商品に手を出したり　すすめられるがままにその商品のことをよく知らないまま投資をするというのは絶対にダメです」**とアドバイスしています。

「伝説の億万長者」と呼ばれた本多静六さんも、「助平根性（すけべえこんじょう）」を出すことを戒めています。

「人間はだれしも欲がふかいものであるから、そうそうあるはずのないウマイことずくめに釣られてしまいやすい。これはちょっと冷静に考えればすぐわかることであるが、小金が貯まると、世にいう助平根性が出てくるのでうっかりするとつい乗ぜられてしまう場合がある」（『私の財産告白』／実業之日本社）

Column 2

投資と投機・ギャンブルは同じものですか？

資産（現金、有価証券、不動産といった財産）がない状態から資産を増やしていくことを「資産形成」といいます。

「資産形成」の方法はおもに２つあります。

「貯蓄」と「投資」です。

◉貯蓄……お金をたくわえること。銀行の預金など。銀行預金は、お金を大きく増やすことはできないが、元本を確保しながら安全に資産形成できる。すぐに引き出すことができるので、流動性が高い。

◉投資……利益を見込んで、有望な投資先に資金を投じること。一般的には、株式、投資信託、債券、外貨建て商品、不動産などを購入することを意味する。元本は保証されていないため損をするリスクを負うが、一方で、貯蓄よりも大きくお金を増やせる可能性がある。

「投資」に似た言葉に「投機」があります。「投資」と「投機」の違いに明確な区分はありませんが、一般的には「期間」に着目して、次のように解釈することが多いようです。

◉投機……「機（チャンス）」を逃さず、「短期的」な値動きに着目して売買を繰り返す。

◉投資……将来的な利益を求めて、「長期的」に利益獲得を目指す。

「投資の名著」として絶賛されるベストセラー『ウォール街のランダム・ウォーカー』（バートン・マルキール／日本経済新聞出版）には、「**投機家は二、三日あるいは二、三週間の間に大儲けすることを狙って株式を取得する。これに対して投資家は、何年、あるいは何十年先まで安定的に配当をもたらし、あるいは持続的値上がりが期待できるような株式を探して保有する**」と記されていました。

投機は短期的、投資は長期的

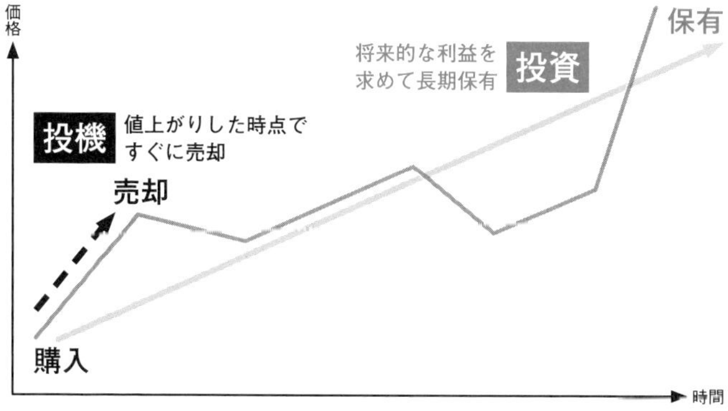

投資は、元本が保証されていません。「損する可能性がある」ため「投資は、ギャンブルのようなもの」だと考える人もいます。しかし、マネー本の著者は例外なく**「投資とギャンブルは違う」**と指摘します。

投資とギャンブルの違いは、おもに以下です。

・目的が違う

一般的に、ギャンブルの目的は娯楽。一方、投資の目的は資産形成と社会貢献（出資した会社のサービスや製品が社会を豊かにするため）です。

・利益を得られる人が違う

ギャンブルでは、参加者が出したお金の中から運営者の取り分を引いた額を「勝った人」に分配します。

たとえば競馬の場合、勝馬投票券（かちうまとうひょうけん）（馬券）の売上の合計のうち、主催者が定めた割合（約75%）を的中者に払い戻しています（残りの約25%は国庫への納付と、JRAの運営に充てられる）。

宝くじの場合、当せん金として当せん者に支払われるのは、46.2%（宝くじ公式サイト参照）です。宝くじの売上が100億円だとすると、当せん者に還元されるのは46億2000万円。仮に、宝くじをひとりで100億円分すべて買い占めたとしても、53億8000万円の損失です。

競馬、競輪、パチンコなど、程度の差こそあれ、ギャンブルは賭け金の総額より少ないお金を参加者が奪い合うため、参加者全体の損得を考えると、利益よりも損失が大きくなります（マイナスサム・ゲーム）。

投資の場合、投資先が成長すれば、出資者全員が利益を受け取れます（プラスサム・ゲーム）。

投資には、運営料を差し引く胴元（主催者、運営者）はいません。株式投資であれば、投資先の企業は集めたお金を事業に投じ、利益を生み出します。利益が出れば、出資者（株主）に利益を還元します。もちろん、相場や経済状況は常に変動しているため、短期的には損失を抱えることも考えられます。

ですが、最初から運営料を差し引かれた上に勝率の低いギャンブルに比べると、**「投資はギャンブルよりも収益性が高い」**と考えることができます。

投資とギャンブルの違いのイメージ

投資

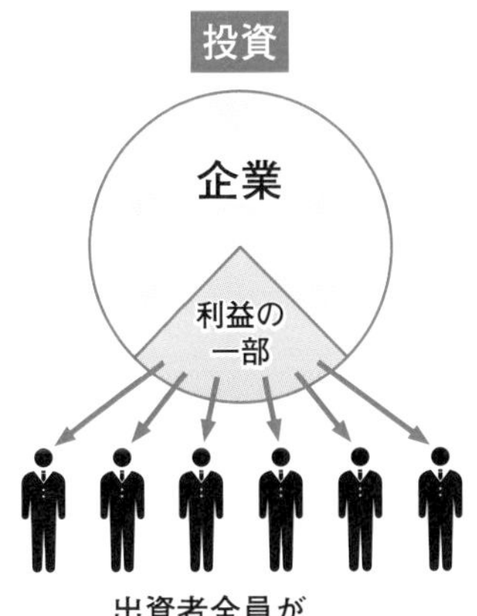

出資者全員が
お金を受け取れる

ギャンブル

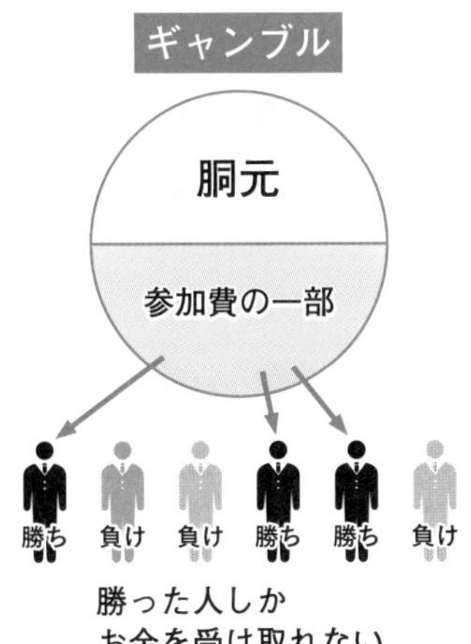

勝った人しか
お金を受け取れない

「持ち家」のメリット・デメリットと住宅ローン

Point

1. 持ち家と賃貸のメリット、デメリットを知る
2. 購入するなら、考えるべきは「リセールバリュー」
3. 無理のない「返済プラン」を立てる

7位は「『持ち家』のメリット・デメリットと住宅ローン」です。

「住宅金融支援機構」が2023年3月に発表した「住宅ローン利用者の実態調査」によると、住宅ローンの商品特性や金利リスクに関する理解度について、「変動型」「固定期間選択型」（後述）利用者の40〜60%が、「理解しているか少し不安」「よく（まったく）理解していない」と回答しています。

さらに、金利が上昇して返済額が増えた場合の対応については、約20%が、「見当がつかない、わからない」と回答しています。

1級ファイナンシャルプランニング技能士の黒田尚子さんは、著書の中で、住宅ローンのしくみを理解することの必要性を次のように述べています。

「住宅ローンを組む上で大切なことは、金融市場の動きに一喜一憂して、金利が低いからと飛びついてしまうのではなく、住宅ローンの基本的なしくみを理解し、頭金や自己資金を準備し、将来の返済プランなどをしっかり考えることです」（『お金が貯まる人は、な

ぜ部屋がきれいなのか』／日本経済新聞出版）

1 持ち家と賃貸のメリット、デメリットを知る

「持ち家と賃貸は、どちらが得なのか」は、「自分がどのようなライフスタイル（ライフプラン）を持っているのか」によって変わります。

物件の購入価格、賃料、家族の人数、住宅ローンの借入額、住み替えの頻度、引っ越し費用など、前提条件が変われば結果も変わるため、どちらが得かは断言できません。

持ち家か賃貸か、マネー本の著者の意見を整理すると、次のようになります。

持ち家か賃貸か、著者の意見

- 「買うか、借りるか」を悩む前に、「家に何を求めるか」をはっきりさせる。
- 物件の価値と価格を正しく判断してから購入するか決める。
- 「家賃を払わずに済む」という理由だけで購入を決めない。
- 転勤になったとき、持ち家はすぐに売ったり貸したりできないデメリットがある。
- 若い世代は、賃貸のほうが無難なことが多い。
- 「買ったときより値下がりしてもいい」のなら購入もあり。
- 経済的な損得よりも、「自分の家を持ちたい！」という所有欲を満たしたいのなら、購入もあり。
- 損するか得するかはあとにならないとわからない。「欲しい」と強く思うのなら、購入する。

- 余裕資金がないのなら、住宅ローンを借りて家を買うのは慎重になるべき。
- 転勤が多い人、大きな借金を背負いたくない人、いろいろな場所に住んでみたい人、収入が不安定な人は賃貸向き。

「どちらにもメリット・デメリットがあり、最終的にどちらが得かは実際に時間が経過しなければわかりません。価値観にもよるところも大きいでしょう。

どちらも購入時や転居時にはまとまったお金が必要ですから、しっかり貯めておくことが選択肢を広げます」（坂本綾子『今さら聞けないお金の超基本』／朝日新聞出版）

「買ったほうが得か、借りたほうが得か」の判断基準のひとつに「200倍の法則」があります。

「物件の購入価格」と、「その物件に賃貸で住んだ場合の賃料」を比較して、

「購入価格が、家賃の200倍以下なら買ったほうが得」

と考える法則です。

ファイナンシャルアカデミー代表の泉正人さんも、監修を務める『誰も教えてくれないお金の話』（うだひろえ／サンクチュアリ出版）で、次の公式を紹介しています。

「想定家賃×200倍以下＝失敗しにくいマイホーム購入価格」

購入したいマンションが3500万円だったとします。

その周辺エリアで「同じ間取り、同じ築年数の賃貸物件」の家賃相場が15万円の場合、上記の公式に当てはめると、

「15万円×200倍＝3000万円」

となり、購入価格（3500万円）は「想定家賃×200倍（＝3000万円）」よりも500万円高いので、「本当に購入すべきか」を冷静に見極める必要があります。

2 購入するなら、考えるべきは「リセールバリュー」

物件選びの注意点として、著者の指摘が多かったのは、

「購入後も資産価値が下がらない（もしくは上がる）物件を購入する」

ことでした。

「大切なのは物件選び。将来いつでも売れる・貸せる立地の物件を！」（菅井敏之『一生お金に困らない！　新・お金が貯まるのは、どっち!?』／アスコム）

「家や自動車を買うときは、それを売るときのこと、つまり、『リセールバリューで見て資産になるか？　負債になるか？』をじっくり考えてから購入するかどうかを決めましょう」（山口貴大【ライオン兄さん】『年収300万円FIRE』／KADOKAWA）

リベラルアーツ大学の両@リベ大学長さんは**「人によって前提条件が違うから『マイホームだから得』『賃貸だから得』って答えの出し方はできへんで」**と断った上で、**「『経済的自由に近づきたい』という前提であれば、**

- **リセールバリューの高い家を買えるならマイホームの方が得する**

- **リセールバリューの高い家を選ぶ自信がない人は賃貸の方が得する」**と述べています（『本当の自由を手に入れる　お金の大学』／朝日新聞出版）。

◉リセールバリュー……資産を売却するときの価値、中古物件の資産価値の高さのこと。

リセールバリューが高ければ、
- **売ったときの売却益が期待できる**
- **人に貸すことで賃貸収入が得られる**（賃貸収入で住宅ローンの返済もできる）
- **自分で住んでも価値が下がらない**
- **買い手がつきやすいので、住み替えがスムーズにできる**

といったメリットが得られやすくなります。

リセールバリューが高くなる条件

- 人気エリアである（「住みたい街ランキング」の上位エリアなど）。
- 交通の便がいい。
- 都心へのアクセスがいい。
- 駅から近い。
- 治安がいい。
- 災害リスクが低い（安全性が高い）。
- 生活環境、周辺環境が整っている（日当たりがいい、騒音がない、生活圏内に金融機関・商業施設・学校・病院がある）。
- 物件の管理が行き届いている。
- タワーマンションや大規模マンションである　など。

3 無理のない「返済プラン」を立てる

住宅ローンの金利には、次の３タイプがあります。

◆住宅ローンの金利は３タイプ

(1) 固定金利型

- 借入期間中の金利は変わらず、固定される。
- 完済（すべて返済すること）するまで同一の返済額が続く。
- 変動型と比べると、通常、金利は高めに設定されている。

固定金利型が向いている人

計画的に返済したい人、将来的な支出の増加が想定されるため返済額が変わると困る人　など。

(2) 変動金利型

- 借入期間中の金利は定期的に見直しされる（通常、半年ごとに年２回）。
- 毎月の返済額は、５年ごとに見直しされる（金利は半年ごとに見直されるが、毎月の返済額は５年間変わらない）。
- 市場金利が上がると住宅ローン金利も上昇する（市場金利が下がると住宅ローン金利も下がる）。
- 返済総額が最後まで確定しない。
- 月々の返済額が大きくなる可能性も、小さくなる可能性もある。
- 多くの金融機関で返済額の上限が「現在の返済額の125％まで」と定められているため、変更前の返済額の125％の範囲内までしか上がらない。

- 国土交通省住宅局「令和３年度　住宅市場動向調査　報告書」によると、「変動金利型」がもっとも多く選ばれている（民間金融機関からの借入れがある世帯の77.3%）。

変動金利型が向いている人

返済期間が短い人、借入金額が少ない人、繰り上げ返済をしたい人、金利が上昇しても影響が少ない人　など。

(3) 固定金利選択型

- 最初の数年間（３年、５年、７年、10年など）は金利の変動がなく、固定期間の終了後は次の金利タイプをあらためて選択する。
- 固定金利の期間が短いほど金利は低い。

固定金利選択型が向いている人

固定期間中にある程度返済できる人、固定期間終了後に金利変動リスクに対応できる余裕のある人　など。

住宅ローンを借りるときは、物件の購入価格、金利タイプ、返済期間、年収、ライフスタイルなどを考慮しながら、無理のない返済プランを立てることが大切です。

◆無理のない返済プランを立てるポイント

(1) 頭金は、住宅購入価格の「10～20%程度」が一般的

住宅の購入価格は、「頭金＋住宅ローン借入額」で決まります。頭金が多いほど借入額が減るので、返済の負担が減ります。

ただし、病気やケガ、失業などで収入が減る可能性もあるため、ある程度の現預金（会社員は生活費の３～６カ月程度、派遣社員や個人事業主は１年程度が目安）は残しておくのが得策です。急な出費が必要になったときに現金が足りなくなることがないように、「緊急予備資金」を確保しておきます。

(2) 購入諸費用や維持費を考慮しておく

住宅を購入する際に、税金や手数料などの諸経費がかかるため、物件の購入価格よりも支払い総額が増えます。

購入後も、固定資産税や維持費（駐車場代、管理費、修繕積立費など）が発生します。毎月の返済額を「これまで住んでいた賃貸物件の家賃と同額」に設定すると、維持費などがかかる分、返済が苦しくなる可能性があります。

(3) 毎月の支払額の目安は「手取りの25%以下」にする

一般的に住宅ローンの年間返済額は、「年収の25%以内」が目安といわれています（20%以内と考える著者もいました）。

前掲の「令和３年度　住宅市場動向調査　報告書」によると、住宅ローンの返済負担率（年収に占める年間返済額の割合）は「分譲戸建住宅でもっとも高く19.8%、もっとも低いのはリフォーム住宅で10.1%」になっています（住宅ローンがある世帯の年間返済額は、分譲マンションの取得世帯でもっとも高く150.4万円でした）。

年収を「額面（税込みの年収）」で考えると予算を多く見積もってしまうため、「手取り（税や社会保険料を引いた後の、実際に受け取る金額）」で計算したほうが安心です（ただし、こうした目安だけで判断せず、家計と照らし合わせた判断が必要です）。

「30代の世帯年収（600万～700万円）だと、借入額は3000万円までに抑えること。（略）頭金を貯めてから購入する、物件予算を下げるなど、借入額を減らす手段を検討しましょう。世帯年収の高い共働きでも借入額は4000万円以内に抑えたいです」（深田晶恵『住宅ローンはこうして借りなさい』／ダイヤモンド社）

(4)繰り上げ返済をして、１年でも早く完済する

マネー本の著者の多くが、「繰り上げ返済（全額または一部）をして、１年でも早く完済したほうがいい」「返済期間は60歳まで（長くても65歳）がメド」と述べています。

◉繰り上げ返済……毎月の返済とは別に、まとまった額を任意のタイミングで返済すること。月々の返済は「元本返済額＋利息額」だが、繰り上げ返済した分は元本返済の前倒しに充てられるため、その分の支払い利息が減る。繰り上げ返済には「期間短縮型」と「返済額軽減型」がある。

繰り上げ返済の２つの種類

- **期間短縮型**

毎月の返済額は変わらず、返済期間が短くなる。支払う利息を減らしたい人、完済を早めたい人向け。

- **返済額軽減型**

返済期間は変わらず、毎月の返済額が減額される。毎月の支払いを軽くしたい人、教育費の負担増などが予想される人向け。

◆繰り上げ返済の考え方

- 定年後に住宅ローンが残っていると、老後の負担が大きくなる（「65歳完済」で計画を立てたとき、毎月の返済額が手取り年収の25%を超えるようなら資金プランを再考する）。
- 返済期間が長いと、転職や退職にともなう収入減の影響を受けやすくなる。
- 元金が減るため、将来支払う予定の金利を支払わずに済む。
- 仮に住宅ローンの金利が２%だとすれば、早く返済するだけで「２%で資産運用している」とも解釈できる。
- 退職金を使って残金の一括返済をする人も多いが、住宅ローンの金利が低い場合は一括返済をせず、その資金で資産運用したほうが得することもある。
- 一括返済をすると「団体信用生命保険（返済者に万が一のことがあったときに、住宅ローン残高がゼロになる保険）」の保障がなくなる。他の生命保険に加入していない場合は、注意が必要。
- 住宅ローン控除を受けている場合、条件次第では繰り上げ返済をしないほうが得をする場合もある。
- 繰り上げ返済をすると手持ち資金が減るため、急な出費に対応できない可能性がある。

8位 生命保険は「正しく」入る

Point

1. 生命保険の４つのタイプを理解する
2. 医療保険は最低限に
3. 貯蓄と保険は分ける

８位は、「生命保険は『正しく』入る」です。

マネー本の著者の多くが、**「日本人は、保険に入り過ぎている」「生命保険は、正しく入らないと損をする」**と指摘します。100冊中29冊が、「生命保険の見直し」に言及していました。

> ◉生命保険……死亡保険、医療保険、がん保険、学資保険、年金保険など、生命保険会社等が広く一般に販売している商品全般のこと。

生命保険文化センターが発表した「2021（令和３）年度　生命保険に関する全国実態調査」によると、生命保険（個人年金保険を含む）の世帯加入率は89.8％、世帯年間払込保険料は平均37.1万円です。

仮に30年にわたって37.1万円を払い続けると、合計で1113万円になります。これだけの保険料を払っても、契約条件にあてはまらなければ、保険金を受け取ることはできません。

**「保険というものは、基本的に『払ったお金が必ず返ってくる』ものではありません。これが大原則です。（略）
『保険料を支払う』ということは、サービスを購入しているわけでもありませんし、投資をしているわけでもない。あくまで、リスクに備えるためのもの」**（池上彰『新版　池上彰のお金の学校』／朝日新聞出版）

「安心のために」と保障を必要以上に大きくし過ぎると、保険料が高くなります。**保障は必要な分だけ用意して、出費を抑えるのが理想的**です。

支出を抑えるためにも契約内容を見直し、自分にとってどのような保障が最適なのかを考える必要があります。

◆生命保険を見直すタイミング

- **結婚したとき**
- **子どもが生まれたとき**
- **転職したとき、自営業になったとき**
- **住宅を購入したとき**
- **専業主婦（主夫）の妻（夫）が再就職したとき**
- **子どもが独立したとき　など**

「保険を見直すと、大きな節約になる!!（略）民間の保険に入るのが悪いことじゃないんだけど……なんとなく入るのがダメ!!　入った人に『それってどんな保険なの？』って聞くと……だいたいの人が保障の内容をわかってない……」（大河内薫、若林杏樹『貯金すらまともにできていませんが　この先ずっとお金に困らない方法を教えてください！』

／サンクチュアリ出版）

「ほとんどの人は、生命保険の大半を解約してしまってもなんの問題もありません。資産形成から考えれば、生命保険ほど効率の悪い金融商品はほかにありませんから、その利用は最低限にとどめるべきです」（橘玲『新版　お金持ちになれる黄金の羽根の拾い方』／幻冬舎）

1 生命保険の４つのタイプを理解する

生命保険は、保険金がどのように支払われるかによって、「死亡保険」「生存保険」「生死混合保険」「その他の保険」の４つに大別できます。

(1)死亡保険

保険の対象者（被保険者／保険に加入した人）が亡くなったとき、または高度障害状態になったとき、受取人に保険金が支払われる保険です。

死亡保険は、保障される期間が定められている「定期保険」と、保険期間が一生涯続く「終身保険」に大別されます。

- **定期保険**……保険期間が定められている。決められた保険期間内に、死亡または高度障害状態になったときに保険金が支払われる。死亡または高度障害状態に至らなければ、保険金は支払われない。いわゆる「掛け捨て保険」。

- **終身保険**……一生涯、保険期間が続く。死亡したら保険金が必ず支払われる。定期保険よりも保険料が割高。途中で解約した場合は「解約返戻金」が支払われるため、保険料がまるごと掛け捨てになるわけではない（解約返戻金の額は解約時期や保険料払込期間に応じて決まる）。

(2) 生存保険

契約時に定めた満期日（保険契約時に定めた所定の期日）まで生存していた場合に保険金が支払われます。学資保険（教育資金のための貯蓄型の保険）や、「個人年金保険」（老後資金のための貯蓄型の保険）も生存保険です。

(3) 生死混合保険

「死亡保険」と「生存保険」を組み合わせた保険です。一定期間中に被保険者が死亡した場合（あるいは、高度障害状態になった場合）には保険金が支払われ、ある一定期間まで被保険者が生存していた場合には生存保険金（満期保険金）が支払われる保険です。代表的なものに「養老保険」があります。

- **養老保険**……亡くなった場合でも満期まで生きていた場合でも、同じ金額を受け取れる貯蓄型の保険（死亡した場合には死亡保険金、満期時には死亡保険金と同額の満期保険金）。老後の生活資金向けに貯蓄をしながら、万が一の死亡リスクにも備えられるという特徴がある。保険料は割高。

(4) その他の保険

病気やケガによる入院、手術に備える「医療保険」「がん保険」、病気やケガで働けなくなった場合に備える「就業不能保険」、要介護認定を受けた場合にサポートが受けられる「介護保険」などがあります。

2 医療保険は最低限に

マネー本100冊の中には、**「医療保険の見直し」**をすすめる意見が目立ちました。医療保険を見直すべき理由は、

「高額療養費制度を利用すれば、治療費の自己負担額を抑えられる」

「貯金でまかなうほうがお金の負担が少ないこともある」

からです。

◉高額療養費制度……医療機関や薬局の窓口で支払った額が、ひと月（月の初めから終わりまで）で一定の上限額を超えた場合に、超過した分のお金が払い戻される制度のこと。

日本の健康保険制度は、長期入院や高額医療で治療費がかさんでも、患者の自己負担額を一定額に抑えられるしくみです。

たとえば、「70歳未満で、年収約370万～約770万円」であれば、1カ月の医療費（自己負担額）の上限額は約８万円程度です（約８万円を超えた分が戻ってきます）。自己負担額は年齢と所得によって異なります。

高額療養費制度では、入院中の食事代、差額ベッド代、先進医療にかかる費用をカバーできませんが、それでも多くの著者が「医療保険の必要性は低い」と考えていました。

「筆者は、これらの費用に民間の保険で備える必要はないと考えています。

そもそも健康保険や高額療養費制度があることで、医療費はそれほどかからないのですから、食事代や差額ベッド代については、できるだけ貯蓄でまかなうようにすべきでしょう。

また、先進医療が必要になる確率は非常に低いものです」（頼藤太希『定年後ずっと困らないお金の話』／大和書房）

この他にも、医療保険の加入については、

「医療保険に加入せず、保険料分を貯蓄に回したほうが何にでも使えるお金が残って得」

「貯蓄が十分にあるなら、掛け捨ての医療保険はもったいない」

「病気やケガには、『公的保険＋貯金』で備えるのが基本」

「医療保険は、年齢が上がるにつれて保険料が高くなるので、高齢者は貯金のほうが合理的」

「公的な保障と現在の貯蓄だけでは病気やケガによるお金の不安を解消できないのであれば、加入を検討する」

「貯金が増えるまでのつなぎとして加入する手もある」

「フリーランスや自営業は、働けなくなると収入が激減するので、医療保険が必要な場合がある」

といった意見がありました。

厚生労働省が発表した令和２年度の生涯医療費は、2695万円でした（70歳未満は1331万円、70歳以上は1364万円）。自己負担するのは、そのうちの１～３割です（割合は年齢や所得に応じて決まる）。生涯医療費の約半分は70歳以降にかかっています。

民間の医療保険は、公的保障の不足を補うものです。まずは自分がどれくらいの公的保障を受けられるのかを確認し、その上で、「公的保障と現在の貯蓄だけでは病気やケガによるお金の不安を解消できない」のであれば、医療保険で対応します。

3 貯蓄と保険は分ける

保険には、「掛け捨て型」と「貯蓄型」があります。

◉貯蓄型保険……万が一に備えながら、将来のための貯蓄ができる保険。保険料の一部が積み立てられ、満期時（満期保険金）や解約時（解約返戻金）にお金を受け取ることができる。終身保険、養老保険、学資保険、個人年金保険など。

貯蓄型保険には、

- 保険料が毎月引き落とされるので、計画的に貯金できる
- 解約したときに保険料の一部が返ってくる
- 入院や手術をしなかった場合でもお金が受け取れる
- 「もったいない」という気持ちになりにくい

といったメリットがあります。

ですが、マネー本の著者の多くが、**「貯蓄と保険は別々に考えるべき」「資産形成のための手段として、貯蓄型保険は向かない」**と考えています。

◆マネー本著者が貯蓄型保険をすすめない理由

- 途中で解約した場合、支払った保険料の全額が戻ってくるとは限らない。
- 保険よりももっと利回りのいい金融商品が存在する。他の金融商品（米国株のインデックスファンドなど）に投資をしたほうがリターンは期待できる。
- 保障の割に保険料が高い。
- 支払った保険料を大きく上回る満期保険金は期待できないため、資産運用として考えると利回りはよくない。
- ほとんどの貯蓄型保険は、長期的な資金準備を前提としているため、短期的な資金準備をしたい人には向いていない。
- インフレに対応しにくい（インフレについてはColumn 3参照）。

「貯蓄は生命保険でなく、リスクの幅が小さい堅実な投資信託を利用するなどしたほうがいいというのが私の意見です。

金融商品が豊富な今の時代、生命保険で貯蓄を考えるのは得策ではないと感じます。つまりは、生命保険に求めるものは『保障』部分のみでいいのです」（横山光昭『年収200万円からの貯金生活宣言』／ディスカヴァー・トゥエンティワン）

Column 3

インフレ時、デフレ時の資産運用の考え方

「インフレ」と「デフレ」は、私たちの貯蓄や資産運用に密接に関係しています。

インフレとは、ものの値段が継続的に上がることです。

◉インフレ……「インフレーション」の略。物価が継続的に上がること。お金の価値が下がること。

たとえば、１個100円だったリンゴが200円に値上がりしたとき、**「物価が上昇した」**という見方と、**「お金の価値が下がった」**という見方ができます。

１個100円のリンゴが200円に値上がりした場合

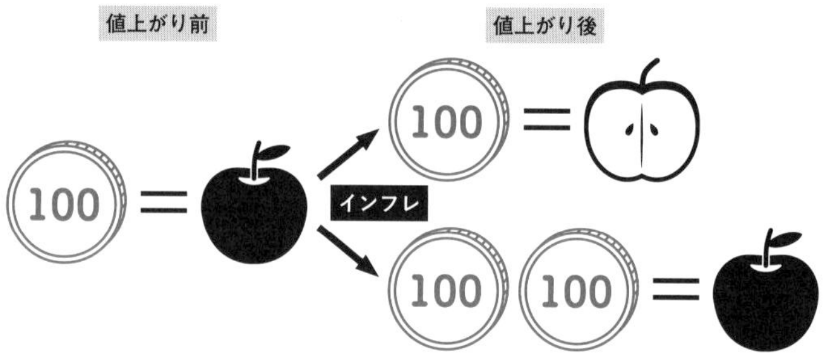

デフレとは、ものの値段が継続的に下がることです。

◉デフレ……「デフレーション」の略。物価が継続的に下がること。お金の価値が上がること。

1個100円だったリンゴが50円に値下がりしたときは、「物価が下がった」という見方と、「お金の価値が上がった」という見方ができます。

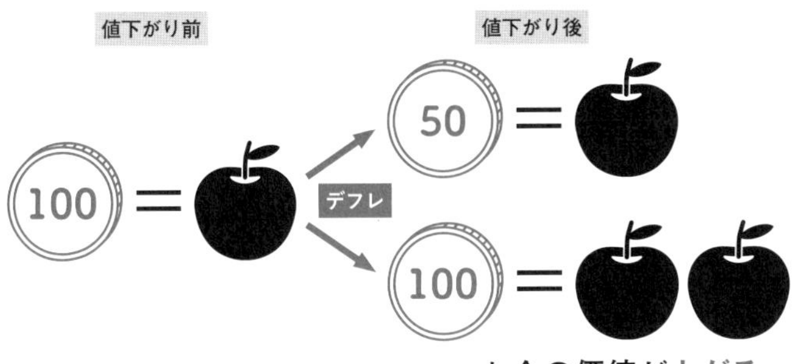

まとめると、次のようになります。

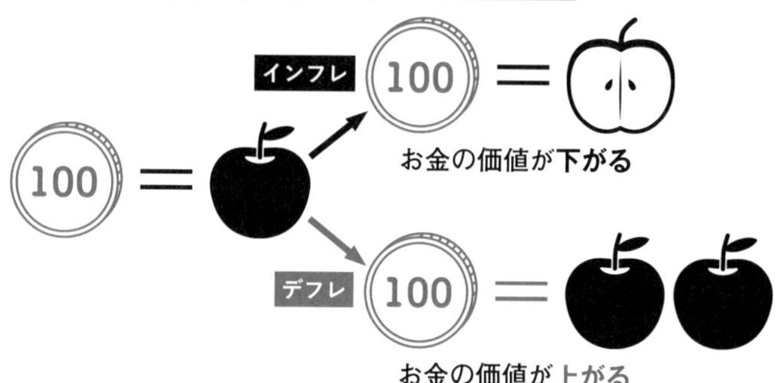

一般的に、「インフレになると株価は上がる」といわれています。

インフレになると株価は上がる

もののの値段が上がる

↓

消費者は「これ以上値上がりする前に買おう」と考え、消費が活発になる

↓

ものがたくさん売れる

↓

企業の業績が上がる

↓

株価は上がる

一方で、「デフレになると株価は下がる」といわれています。

デフレになると株価は下がる

もの の値段が下がる

消費者は「もう少し待てばさらに安くなるのでは」「お金に余裕ができてから買っても遅くないのでは」と買い控える

ものが売れない（売れても価格が安いので利益が出ない）

企業の業績が下がる

株価は下がる

インフレ時とデフレ時では、お金の価値が変わるため、選ぶべき投資の手法も変わります。

◆インフレ時の投資の考え方

- 現金の実質的な価値が下がるため、現預金以外の資産の保有を検討する。
- 株式はインフレに強い資産といわれている。インフレ時、あるいはインフレが起こりそうなときに、保有資産に占める株式資産の割合を高めると、利益が出やすい。
- インフレ時は、不動産やREIT（不動産投資信託）も好調に推移する可能性が高い。
- インフレが進むと、為替は円安に動きやすくなるため、外貨建ての資産（海外資産）に投資するのも有効である。

- インデックスファンドを保有すれば、世界や日本の株式市場全体に投資することになるため、インフレにおける株価上昇の恩恵を受けやすい。

◆デフレ時の投資の考え方

- 安全に資産を守りながら、少しでも増やす方法を考える。
- 株式市場全体が低迷しやすい。株式投資をする場合、企業を正しく選別しないと利益が出にくい。
- デフレ下では現金が強いため、現金比率を高める。ただし、預貯金の金利が低く賃金も上がっていないため、すべての資産を現金にしておくのはリスクが高い。
- 債券へ資産を移す方法も考えられる。
- 日本はデフレでも、他の国はインフレの可能性があるので、国際分散投資を意識する。

「世間では『インフレのリスク』を強調して運用商品をすすめる傾向がありますが、リスクをゼロにしようとして極端な運用に走るのは危険です。

インフレ・デフレは、『その時々に適応することを考えておけばよい』と気楽にかまえていいと考えましょう」（山崎元『お金に強くなる！　ハンディ版』／ディスカヴァー・トゥエンティワン）

Part. 2

100冊がすすめる効率良くお金を増やす「12のコツ」

ランキング 9～20位

お金持ちになりたければ投資をする

Point

1 労働だけではお金持ちになれない

2「銀行に預けているとお金が減る」こともある

3 お金をうまく働かせることが豊かな老後の秘訣

9位は「お金持ちになりたければ投資をする」です。

「蓄えたお金を働かせる（＝投資をする）」

「お金を働かせなければお金は増えない」

「最大の無駄使いは投資をしないこと」

「これからの時代を生き抜くには投資は絶対に必要」

など、言い方はさまざまですが、100冊中３割近くが「投資をすることの大切さ」を強調していました。

◆投資をすすめる理由

- **自分が働いているだけではお金持ちになれない。**
- **銀行に預けているより利回りがいい。**
- **日本円の価値が下がっている**（現金で持っているより投資をしたほうがいい）。
- **お金持ちは資産のほとんどを投資で稼いでいる。**
- **投資で得た利益にかかる税金は、税率が約20％**（一方、給与は高額所得の場合、所得税と住民税を合わせた税金が50％以上かかることもある）。

1 労働だけではお金持ちになれない

「資産を持っている人はよりお金持ちになる。労働でしか収入を得られない人はいつまでもお金持ちになれない」ことを証明した人がいます。

フランス人経済学者のトマ・ピケティです。ピケティは、日本では2014年に刊行され、ベストセラーになった著書『21世紀の資本』（山形浩生、守岡桜、森本正史（訳）／みすず書房、原著は2013年刊行）の中で、次のような主張をしています。

18世紀まで遡ってデータを分析した結果、「ｒ（資本収益率）」が年に４～５％成長するが、「ｇ（経済成長率）」は１～２％程度しか成長しない。「ｒ＞ｇ」という不等式が成り立つ。

資本収益率は投資の利回りを、経済成長率は賃金の伸び率を意味します。

トマ・ピケティ『21世紀の資本』の主張

g

資本収益率
（リターン・オン・キャピタル）
- 株式の収益
- 不動産からの収益

経済成長率
（エコノミック・グロース・レート）
- 労働が生み出す収益

簡単にいえば、**資産を持たないと損をする**、ということです。

2「銀行に預けているとお金が減る」こともある

「銀行に預けておく（預金）とお金が減ってしまう」「銀行に預けているだけではお金は増えない」という意見もありました。

「はっきり言うけど、投資をしないのは一番のムダ。これはOpportunity Costだよ！　日本語で言うと、『選択しなかったことで、失った価値』という意味なんだけど、お金を銀行に入れていたことで失った価値はでかいよ！」（厚切りジェイソン『ジェイソン流お金の増やし方』／ぴあ）

「銀行に預けておくとお金が減る」とはどういうことでしょうか。

預金は現金での資産保有です。物価（ものの値段）が上がると、それまでと同じ金額ではものが買えなくなります。つまり、お金の価値が下がったことになります。Column 3でも説明したように、「物価が上がり、お金の価値が下がる」ことを「インフレ」といいます。

お金そのものが減るわけではありませんが、保有する資産の価値が下がるので、**預金はインフレに弱い**といわれます。

もののの価値が上がりお金の価値が下がる（＝インフレ）

30年前
アイスは
50円

アイスは同じもの →

現在
アイスは
100円

50円の価値はアイス1/2個分に減った！

銀行に預けたときの金利の低さも、マネー本の著者たちが投資をすすめる理由のひとつになっています。

みずほ銀行、三菱UFJ銀行、三井住友銀行の３大メガバンク（総資産１兆ドルを超える巨大銀行グループ）では、定期預金の金利は１年満期で0.002％です（2023年５月25日現在）。

仮に100万円を１年預けても、20円の利息です。

個人向け国債や投資信託、株式に投資し、適切に運用すれば、銀行の利息を上回るリターンを得られる可能性があります。

マネー誌の執筆が多いライターの安恒理さんは著書『マンガでわかる最強の株入門』（新星出版社）の中で、**「株式投資の魅力――それはなんといっても大きなリターンが狙えることです。（略）**

株式投資なら１年の運用で、２倍（100％）どころかテンバガー（10倍株＝1000％）だって夢ではありません」と述べています。

3 お金をうまく働かせることが豊かな老後の秘訣

日本人の寿命が延び、人生100年時代といわれる現代だからこそ、老後に困らないようにお金に働いてもらう（投資をする）ことが大切だと訴える本もありました。

「著者のデヴィッド・ビアンキがこの本でくりかえし強調しているのは、収入の範囲内で生活すること、そして老後になって困らないようにおカネに働いてもらうことです」（デヴィッド・ビアンキ『13歳からの金融入門』／日本経済新聞出版）

10位 「指数」「指標」をチェックする

Point

1 投資の成功には指数・指標のチェックが不可欠

2 日経平均株価で市場の大きな流れをつかむ

3 PER（ピーイーアール）が低い株を買う

マネー本には多くの「指標」「指数」が登場し、投資を成功させるには「指標」「指数」のチェックが欠かせないと著者たちは主張します。「指数」や「指標」を見ていると、株式市場の動きがわかるからです。

◉指数……基準となる数字のこと。

◉指標……投資の判断をしたり、評価したりする際の目安になるもの。

マネー本には「経済指標」「日経平均株価」「TOPIX」「ダウ（NYダウ、ダウ平均）」「PER」の５つが頻出（ひんしゅつ）していました。

1 投資の成功には指数・指標のチェックが不可欠

経済指標とは、各国の経済活動状況をあらわす統計データのことです。各国の公的機関が集計し公表しています。日本では、「日（にち）

銀短観（全国企業短期経済観測調査）」「機械受注統計」「景気動向指数」「GDP（国内総生産）」などがあります。

機関投資家（企業体として投資する組織のこと。金融機関や保険会社、年金基金など）はこれらの指標を判断材料にして動きます。

経済指標で大切なのは、市場予想（証券会社などが出している事前の予想）と発表された指数との差です。市場予想と発表に差がない場合は、株価は反応しません。差が大きいと動きます。

予想と発表の差が株価に影響する

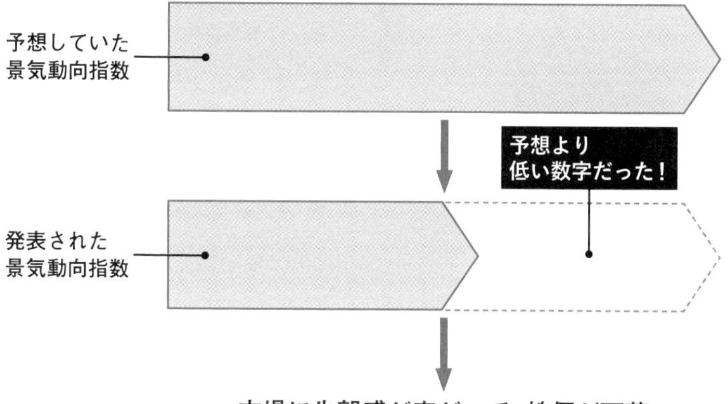
予想していた
景気動向指数
予想より
低い数字だった！
発表された
景気動向指数
市場に失望感が広がって、株価が下落

「発表された経済指標の数値が景気動向をプラスと見ていたのに、株価が下落してしまうことがあります。これは事前の市場が『もっといい数値』を予測していたにもかかわらず、実際に発表された数値が悪かったため市場に失望感が広がったことが原因です」

（安恒理『マンガでわかる最強の株入門』／新星出版社）

2 日経平均株価で市場の大きな流れをつかむ

日経平均株価は、日本経済新聞社が東京証券取引所プライム市場に上場する企業約1800社の中から、業種などを考慮して選んだ225銘柄の株価の平均値です。「株価の高い銘柄の影響を受けやすい」という特徴があります。**景気が上がれば株価も上がるため、日経平均株価が上がれば景気が上がっていく**と予想できます。このように、指数から市場の大きな動きをつかみます。

TOPIX（東証株価指数）は、「Tokyo Stock Price Index」の略で、東京証券取引所プライム市場に上場する銘柄を対象として、過去（1968年）の時価総額（株価×発行株式数）と比較してポイントであらわしたもの。当時の時価総額を100ポイントとしており、仮に1000ポイントだとすれば、時価総額が当時に比べて10倍になったということです。「時価総額の大きい銘柄の影響を受けやすい」という特徴があります。

ダウは、アメリカのニューヨーク証券取引所やナスダックに上場する優良銘柄30社の株価の平均値で、アメリカのダウ・ジョーンズ（DJ）社が開発した計算方式です。

3 PERが低い株を買う

PERは、「Price Earnings Ratio」の略で「株価収益率」のことです。500円玉１個で600円を買えたらお得ですが、500円玉で

1000円が買えたらさらにお得です。このような株の「お得感」を測る指標がPERです。

「PERは、会社の収益力（利益）から見て、今の株価が割安かどうかを測るもの」（『めちゃくちゃ売れてる株の雑誌ザイが作った「株」入門　改訂第３版』／ダイヤモンド社）

PERは株価を１株当たり純利益（１株益。当期純利益÷発行済株式数）で割って算出します。

PERの計算式

PER＝株価÷１株当たり純利益

PERは数字が低いほど、割安

A　株価2000円÷１株益200円＝PER10倍 ➡ １株益の10倍

B　株価1000円÷１株益200円＝PER５倍 ➡ １株益の５倍

Bのほうがお得！

◆PERのポイント

- **株式市場のPERはだいたい10～20倍で推移。**
- **近年は15倍程度が標準的。**
- **成長期待が大きいと数字が高めになる**（成長している会社なら、少し割高でも買おう、という心理が働く）。
- **一般的にはなるべくPERの低い銘柄を選ぶ。**

NISAで運用益を非課税にする

Point

1 一般NISA、つみたてNISAを理解する
2 投資初心者はつみたてNISAを選ぶ
3 「つみたて投資枠」と「成長投資枠」を併用する
4 iDeCoとつみたてNISAは両方運用がベスト

11位は「NISA(ニーサ)で運用益を非課税にする」です。

NISAは、投資で受け取った配当金や売却したときの利益が非課税になる制度(条件あり)です。

◉NISA……少額投資非課税制度。少額からの投資を支援する非課税(税金を払わなくていい)の制度。

多くのマネー本の著者たちは、
「絶対にNISAを利用したほうがいい」
「NISAは今すぐ利用する。最大限活用する」
「投資を始めるなら、まずはiDeCoとNISAを検討する」
とNISAの活用を推奨しています。

NISAは、イギリスが1999年に貯蓄率の向上を目指して導入していたISA(Individual(インディヴィジュアル) Savings(セービングス) Account(アカウント)=個人貯蓄口座)を参考にした制度です。

日本版のISA（Nippon Individual Savings Account）ですから、NISAの愛称で呼ばれています。日本国民の資産形成を後押しし、あわせて日本経済を活性化するために、2014年に始まりました。

銀行や証券会社などで、「NISA口座」を開設して、その口座で投資の取り引きをします。銀行や証券会社によって扱っている金融商品が異なるため、事前に商品を見比べて、どこで購入するかを決定します。

NISAの始め方

金融機関を選ぶ。

↓

金融機関に口座開設を申し込む。

↓

必要書類を提出する。

↓

金融機関が税務署へ口座開設を申請。税務署が審査。

↓

承認されれば、NISA口座開設。

↓

商品を選んで取引開始。

1 一般NISA、つみたてNISAを理解する

NISAの大きな特徴は「非課税」です。何がどう非課税になるのでしょうか。

運用益が非課税になります。

本来、株式投資で得た利益や配当金、投資信託の分配金や、換金（売却、解約）したときの利益には、約20%の税金が課せられます。NISAでは、この約20%が非課税になります。

なお、投資信託の換金の方法には、「解約請求」と「買取請求」の２種類があり、どちらも、受け取り金額の税法上の違いはありません。

この項目では、「解約」の表現を使って説明していきます。

「運用益が非課税」とは？

例）投資信託を積み立て、20年間で500万円の利益が出た。
　　これを解約すると……

- **通常**

税金　500万円×20%※＝100万円

手元に残る額　500万円－100万円＝400万円

- **NISA**

税金　0円

手元に残る額　500万円

100万円の差!!

※復興特別所得税を入れると税率は20.315%ですが、ここではわかりやすく説明するために20%にしています。

NISAには2023年時点では「一般NISA」「つみたてNISA」「ジュニアNISA」の３種類があり、対象となる商品や、非課税になる投資額、非課税になる期間等が異なります。

それぞれの特徴は次のとおりです。

(1)一般NISA

- 対象商品が上場株式（国内、外国）、投資信託、ETF（２位参照）、REIT（15位参照）など幅広い。
- 年間120万円まで購入でき、最大５年間非課税で保有できる。
- 非課税期間終了後は、口座内の金融商品を、
  ①翌年の非課税投資枠に移す
  ②課税口座に移す
  ③売却する
  ことを選択する。ただし、後述するように「一般NISA」を2024年から始まる新NISAに移管する（管理を他に移す）ことはできない。
- 一括購入も、積み立て購入もできる。
- いつでも引き出しできる。

(2)つみたてNISA

- 対象商品は、「長期・積立・分散投資」に適した商品として金融庁に届け出された投資信託やETF。
- 年間40万円まで購入でき、最大20年間非課税で保有できる。
- 非課税期間が終了すると、NISA口座以外の課税口座（一般口座や特定口座）に払い出される。
- 積み立て購入に限定（自分で決めた金額で、毎月、あるいは毎日など、自動

的に購入できる)。

- 対象となっている投資信託の購入時手数料が無料。
- いつでも引き出しできる。

(3)ジュニアNISA

- 20歳未満(2023年は18歳未満)が利用できる制度。
- 株式・投資信託等を年間80万円まで購入でき、最大5年間非課税で保有できる。
- 18歳までは払い出し制限があるが、2024年以降は年齢にかかわらず、非課税での払い出しが可能。
- 新規口座開設、新規投資は2023年まで。

2 投資初心者はつみたてNISAを選ぶ

2023年までのNISAは、一般NISAとつみたてNISAの併用はできないため、どちらかを選ぶ必要があります。

ではどちらを選べばいいのでしょうか。マネー本の著者たちの意見をまとめると下記になります。

◆一般NISA向きの人

- 買いたい商品が決まっているが、その商品が「つみたてNISA」の対象商品になっていない人。たとえば、「個別株」「アクティブファンド」「海外のETF」など。
- 高配当株や連続増配株(増配を続けている銘柄。26位参照)などで配当金を積み上げ、近い将来にキャッシュフロー(お金の流れ)をよくしたい人。
- 年間40万円以上、投資に回せるお金がある人。

◆つみたてNISA向きの人
- 投資未経験者や初心者（つみたてNISAが投資を経験したことがない人を意識したつくりになっているため）。
- 長期で投資をしたい人。老後の資産形成をしたい人。
- 資産形成をしたいが、あまり投資に時間を割きたくない人。
- 投資のベストタイミングがわからない人。

「『つみたてNISA』は積み立て投資に特化した非課税制度で、非課税期間が20年間と非常に長く設定されているのが特長です。
まさに本書でおすすめしているインデックス投資にピッタリです」（水瀬ケンイチ『お金は寝かせて増やしなさい』／フォレスト出版）

3 「つみたて投資枠」と「成長投資枠」を併用する

2023年の税制改正で、2024年以降のNISAの制度が大きく変わります。

一般NISA（新名称「成長投資枠」）とつみたてNISA（新名称「つみたて投資枠」）の併用が可能になるため、資金に余裕があれば、両方の活用もできます。非課税で運用できる額が多くなるので、お得です。

なお、すでに現行のNISA制度（「一般NISA」「つみたてNISA」）で保有している商品を売却する必要はありません。

2023年末までに現行のNISA制度で投資した商品は、新しい

NISAと併用して持つことができます。

購入時から一般NISAは5年間、つみたてNISAは20年間、非課税のまま保有可能で、任意のタイミングで売却もできます。

ただし、2023年末までに現行のNISAで投資した分は、新しいNISAにそのまま移管することはできません。一度、売却して現金化してから新しいNISAで購入し、運用する必要があります。

一般NISAとつみたてNISA、新NISA制度の特徴は右の表の通りです。

4 iDeCoとつみたてNISAは両方運用がベスト

投資の非課税制度として、NISAとともに、マネー本で紹介されたり、比較されたりすることが多いのがiDeCo（個人型確定拠出年金）です。

とりわけ、「つみたてNISA」と「iDeCo」が比較されます。両方とも、投資信託などを積み立てて購入するからです。

◆「つみたてNISA」と「iDeCo」の3つのおもな違い

(1)そもそも目的が違う。

つみたてNISAは安定的な資産形成のため、iDeCoは私的年金で老後の備えのため。

(2)つみたてNISAは途中解約可能。iDeCoは途中解約不可。

(3)節税のメリットが異なる。

現行NISAと新しいNISAの違い

	現行NISA制度（2023年末まで）		新しいNISA制度（2024年から）	
	一般NISA	つみたてNISA	成長投資枠	つみたて投資枠
年間非課税投資枠	120万円	40万円	240万円	120万円
最大投資可能額	600万円 非課税期間が5年のため	800万円 非課税期間が20年のため	合計1800万円 うち成長投資枠は1200万円	
NISAとつみたてNISA、成長投資枠とつみたて投資枠の併用	不可		可	
非課税期間	5年	20年	無期限	
投資可能期間	2023年まで	2023年まで	2024年以降恒久化	
投資可能商品	上場株式、投資信託など	一定の基準を満たした投資信託	上場株式、投資信託など	一定の基準を満たした投資信託
対象年齢	18歳以上		18歳以上	

◆どちらかを選ぶ場合の考え方

非課税のメリットがあるため、多くのマネー本が両方の運用をすすめています。どちらかを選ぶ場合は、次の点を考慮します。

目的別のつみたてNISA、iDeCoの使い分け

- 運用したお金を60歳以前に使う予定がある➡「つみたてNISA」
- 退職給付金が手厚くない➡「iDeCo」
- フリーランス➡「iDeCo」
- 少額から投資したい➡「つみたてNISA」

それでも迷った場合は、どうすればいいのでしょうか。

『基礎からわかる！　つみたてNISA & iDeCo　初めての投資編』（メディアックス）では、次のようにアドバイスしています。

「どちらかを選ぶとなれば、iDeCoを優先しましょう。iDeCoには拠出した掛金のすべてが所得控除の対象になるという、つみたてNISAにはないメリットがあるからです」

iDeCoとつみたてNISAの違い

	iDeCo	つみたてNISA
対象年齢	20歳以上 65歳未満	18歳以上の 国内居住者
年間投資上限額	14万4000円 〜81万6000円 国民年金加入者区分などで異なる	40万円
最低投資額	毎月5000円から 1000円単位	金融機関により 1回100円から 投資可能
対象商品	●投資信託 ●定期預金 ●保険	金融庁が決めた 条件に合う 投資信託
引き出し	60歳まで 原則できない	いつでも
税制上の優遇措置	●掛金全額が所得控除 ●運用益が非課税・給付時(受け取り時)が「退職所得控除」や「公的年金等控除」の対象に	運用益が非課税
投資目的	老後の資金	住宅購入や 教育資金などの ライフイベント向き

感情に流されない

Point

1 執着を手放す

2 大き過ぎる欲が大損のもと

3 「失敗」は学びの機会

多くのマネー本が「心をコントロールすることの大切さ」を説いています。

投資で思うようにお金を増やせない原因が、人の心理傾向や感情のコントロールであるケースが多いからです。

ファイナンシャル・プランナーの中桐啓貴さんは、著書『日本一カンタンな「投資」と「お金」の本』（クロスメディア・パブリッシング）で、「（人には）**利益より損失を大きく評価してしまう、という心理傾向**」があるとし、「**損失を嫌うので、株価が下がってもあらかじめ決めた通りに損切りができない。損失が現実になるのが嫌だから**」と続けています。

「株式投資とはビジネスの一部を買うことであるという合理的な考え方をとらず、感情にまかせた投資を行なう。近視眼的な利益追求にとらわれ、ビジネスの長期的経済性を見失う……。

投資家を破滅へと導くのは、（略）投資家自身の行為である」（メアリー・バフェット、デビッド・クラーク『史上最強の投資家　バフェットの教訓』

／徳間書店）

マネー本に書かれていた、お金を増やすためにコントロールしたほうがいい感情は、おもに次の３つです。

◆コントロールしたほうがいい３つの感情

- **執着心**
- **もっと儲けたいという欲**
- **失敗（損失）を怖がる心**

1 執着を手放す

投資をする人が陥りがちなのは、「買った金融商品（たとえばＡ社の株）で損をすると、その商品（Ａ社の株）で利益を出そうと追いかけ続けてしまう」ことです。株価が下がり続けているのに、「いつかは値上がりするだろう」と手放せず、そのまま保有を続ける。結局、値が上がらず、塩漬けの状態になるケースもあります。

◉塩漬け……株が、買ったときの価格よりも、値下がりしてしまったため、売ると損が出る。そのため、長期間売らずに保有している状態のこと。

ひとつの商品に固執するあまり、他の魅力的な商品に目が行かなくなれば、機会損失にもつながります。

しかし、**執着を手放すのは、なかなか難しいもの**です。どのように対処すればよいのでしょうか。

イギリス生まれのジャーナリストで投資家のマックス・ギュンターさんの著書『マネーの公理　スイス銀行家に学ぶ儲けのルール』（日経BP）の中に、ヒントがあります。

「もしもあなたが、損を抱えている投資にこだわりたいという衝動を乗り越えることができないのであれば、友人や伴侶、あるいはバーテンダーと話すことが助けになるかもしれない。いい映画やコンサートに出かけて、束の間でも問題を忘れることができれば、頭がすっきりするかもしれない」

2 大き過ぎる欲が大損のもと

自分の買った株が上がり始めると、「もっと上がる」「もう少し待てば、もっと儲かるかも」と持ち続けてしまい、結局は反落して損をしてしまう、というケースがあります。

欲をかいたばかりに、売り時を逃してしまうのです。

このような失敗をしないためには、どうすればいいのか。

マネー本の著者たちの意見をまとめると、

- **常に冷静でいようと心がけること**
- **大儲けしようとしないこと**
- **損をしないうちに利益を確定すること**

が大切です。

「熟練したトレーダーは、１回で１万ドルを狙うのではなく、1000ドルを10回狙うだろう。1000ドルの利益は１万ドルの利益よりは短期で低リスクで、そう、確実に手に入るだろう」（オリバー・ベレ

ス、グレッグ・カプラ『デイトレード』／日経BP）

3 「失敗」は学びの機会

「失敗してお金を失うのが怖い。だから、投資はやらない」
「投資で一度失敗（損）をしたから、投資はやめる」
このような考え方は、お金を増やすのを難しくします。
失敗をするのは当たり前と考え、失敗を乗り越え、バネにすることが大切だと多くのマネー本は指摘しています。

「失敗は社会大学における必須課目である。私は、この大切な課程を経たものでなければ本当に成功（卒業）ということはないと考えている。失敗の経験がないと誇ることは、すなわち、必須課目を修めていないと威張るようなもので、全く意味をなさないのである」（本多静六『私の財産告白』／実業之日本社）

「損をするのが怖いのはあたりまえだ。その恐怖はだれもが持っている。金持ちだって同じだ。問題なのは恐怖を持つことではなく、それに対する対処のしかただ。つまり、損をしたときにそれにどう反応するかが問題なのだ」（ロバート・キヨサキ『改訂版　金持ち父さん　貧乏父さん』／筑摩書房）

13位 「複利の力」でお金を増やす

Point

1. **長期運用で「複利」の効果を味方につける**
2. **元本が倍になるタイミングは「72の法則」でわかる**

13位は「『複利の力』でお金を増やす」です。

マネー本の著者の多くは**「複利の力」を使うことの重要性**を訴えています。

「複利の力を利用できれば、莫大なリターンに頼らなくても資産を増やせる」（モーガン・ハウセル『サイコロジー・オブ・マネー　一生お金に困らない「富」のマインドセット』／ダイヤモンド社）

「投資の意思決定を行う上で、『複利』の意味することの重要性を十分理解している人は、ほとんどいないと言ってもいい」（バートン・マルキール『ウォール街のランダム・ウォーカー』／日本経済新聞出版）

複利は、利息の計算方法の一種です。

複利について詳しく説明する前に、利息にまつわる言葉を整理しておきます。

銀行にお金を預けると（預金をすると）、「利息」がついてきます。利息はお金を貸した側が受け取る「お礼」のようなもので、「1000円に10円の利息がついた」のように、金額そのものをあらわします。

元本（預けたお金）に対してどのくらいの利息を支払うか、割合を示したものを「利率」といいます。

利息の計算方法

利息＝元本×利率

例）元本1000円×利率５％＝利息50円

「金利」は、元本に対する利息の割合で、「利率」とほぼ同じ意味で使われます。多くの場合、1年間の利息の割合（年利）を示します。

投資で使う「利回り」は、投資元本に対するある一定期間の利益を割合で示した指標のこと。利回りは投資の成績を示すので、投資が終わるまでわかりません。投資の元本が100万円、１年で得た利益が５万円の場合、利回りは５％となります。

利回りの計算方法

利回り＝利益÷元本

例）利益５万円÷元本100万円＝利回り５％

1 長期運用で「複利」の効果を味方につける

金利のつき方には「単利」と「複利」があります。

元国税専門官でフリーライターの小林義崇さんは、著書『すみません、金利ってなんですか？』（サンマーク出版）で、次の枠内のように説明しています。

◉単利……**「毎年同額の金利が上乗せされる金利のつき方」。**

◉複利……**「もともとあるお金、すなわち元金についた金利を、次期の元金に組み入れる金利のつき方」。**

例として100万円の元本を預け、金利５％（年利）で運用した場合の利息を考えてみます。

１年後は、受け取る利息は単利でも複利でも５万円（税金は考慮せず）です。

単利では、２年後も３年後も受け取る利息は同じで、５万円ずつ上乗せされます。10年間運用で、利息は、

５万円×10年＝**50万円**

です。

複利では、２年後は、元本100万円に１年目の利息５万円を足したものに５％の利息がつきます。２年後の利息は、

（100万円＋５万円）×５％＝５万2500円

です。３年後は、元本100万円に１年目の利息５万円と２年目の利息５万2500円を足したものに５％の利息がつきます。

３年後の利息は、

（100万円＋５万円＋５万2500円）×５％＝５万5125円

です。10年後に受け取る利息は累計で**「約63万円」**です。

単利と複利の利息の差は10年間で、

約63万円－50万円＝約13万円

となります。

「単利」と「複利」

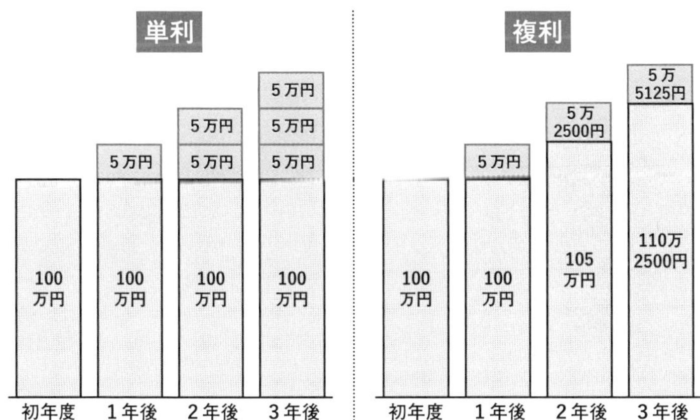

複利では、預ける年数が長いほど、利息の増えるスピードが加速します。多くのマネー本では、**「複利効果を期待できることが投資のメリット」**と主張しています。

◆複利の効果を高めるポイント

- **配当を受け取らずに再投資すると複利効果が得られる。**
- **複利の効果はすぐには出ないので、焦らずに時間をかけてお金を育てる。**
- **預ける期間が長いほど利息の増えるスピードは加速するので、できるだけ早く投資を始める。**

『史上最強の投資家　バフェットの教訓』（メアリー・バフェット、デビッド・クラーク／徳間書店）には次のように記されています。
「投資の世界では、若くして天職とめぐりあえた者に絶大なるチャンスがもたらされる。『複利』という名の魔法は、時間が長ければ長いほど、より高い効果を発揮しうるからだ」

2 元本が倍になるタイミングは「72の法則」でわかる

マネー本で複利での資産運用が語られるときにしばしば出てくるのが、「72の法則」です。
イタリアの数学者ルカ・パチョーリ（1445～1517）の著書『スムマ』で記述されており、少なくとも15世紀から受け継がれています。

『年収300万円FIRE』（山口貴大【ライオン兄さん】／KADOKAWA）では、「72の法則」について次のように説明しています。
「ある金融商品に投資して複利運用した場合、元本を倍にするまでの概算の期間は『72÷その金融商品の年間利回り』で求められるというものです」

ひとことでいえば、
72÷金利＝元本が２倍になるまでの年数
となります（「金利」は複利であることが前提。また、結果は大まかな数字で必ずしも正確ではない。なお、「72÷利率」と書かれているマネー本もありましたが、本書では複数の証券会社のウェブページにあった「金利」を採用しています）。

仮に６％の金利で金融商品を運用していたとすれば、

72÷６＝12（年）

となり、「12年で倍」になります。

もし、1000万円を６％の金利で運用していた場合、12年で2000万円になるということです。

「72の法則」を使うと、自分の資産を倍にするには、だいたい何年かかるかの目安になります。

◆借金が倍になる年数の計算法

また、**お金を借り入れた場合、借金が２倍になるスピードもわかります。**

もし、金利18%でお金を借りた場合、

72÷18＝４

で、４年で借り入れの額が倍になる計算です。

「72の法則」は、慎重に借り入れをするのにも役立ちます。

お金が貯まる人に共通する「ある習慣」

Point

1 お金の使い方のルールを決める
2 寄付をする
3 住まいは常に整理整頓を
4 働き過ぎない

14位は「お金が貯まる人に共通する『ある習慣』」です。「お金の使い方」「住む場所や暮らし方へのこだわり」など、多くのマネー本が「お金が貯まる習慣」に触れていました。

1 お金の使い方のルールを決める

「お金が貯まる習慣」のひとつが「お金の使い方」です。マネー本の著者の多くは、自分なりにお金の使い方のルールを決めています。使い方を決めているのは、使い過ぎを防ぐためです（3位で詳述）。

ビジョンとお金の両立を実現させる専門家、和仁達也（わにたつや）さんは、使い方の優先順位を決めておくことの大切さを訴えています。

「お金の使い方については、『何は買って、何は買わないか』と優先順位を決めておけば、雑誌広告やCMなどの周りの誘惑に安易に引きずられなくなります」（『世界一受けたいお金の授業』／三笠書房）

2 寄付をする

お金が貯まる人の習慣として、複数の著者が指摘していたのは「寄付をすること」です。

元国税専門官でフリーライターの小林義崇さんは、著書『元国税専門官がこっそり教える　あなたの隣の億万長者』（ダイヤモンド社）の中で、次のように記しています。

「日本の富裕層にも寄付をする傾向は見られます。私も相続税調査で、多額の財産を寄付する富裕層を何度か目にしたことがありました」

お金が貯まる人たちが寄付をするのは、**「人とのつながりを大事にするため」「貢献することでしか得られない喜びがあるため」「節税のため」**などが理由です。

3 住まいは常に整理整頓を

マネー本の著者たちは、「『住まい』にこだわることの大切さ」を説いています。

アメリカの著作家ジョージ・S・クレイソンさん原作の『漫画バビロン大富豪の教え』（文響社）では、黄金（お金）を増やす７つの道具のひとつとして、**「より良きところに住め」**を挙げています。

「家というのはただ住むだけのものではない　『庭で遊ぶ子供達』『妻が育てたイチジクやブドウ』『仕事場までの距離』　住居は幸せ

な生活と密接に関わっており、そしてその幸せは貯金を増やすモチベーションとなる」

住まいのこだわりのポイントとして具体的に挙げられていたのは次の２つです。

(1)住空間の整理整頓を心掛ける

『お金が貯まる人は、なぜ部屋がきれいなのか』（黒田尚子／日本経済新聞出版）では、**「部屋を片付けると、貯金体質になる」**理由として、下記を挙げています。

片付ける

モノとお金が見える化される

スッキリ空間の心地よさに目覚める

わが家のモノの適正量がわかる

「本当に必要なモノ」と「好きなモノ」がわかる

お金遣いにムダがなくなり、家計にゆとりが出る

お金が貯まり始める

(2) 職住近接にする

「時は金なり」であり、お金と時間の関係を意識するべき、と主張するのは、経済評論家の山崎元さんの著書『お金に強くなる！ハンディ版』（ディスカヴァー・トゥエンティワン）です。

なかでも、**「職住近接のメリットは大きい」「通勤時間カットでできた時間をお金や自由に交換できる」**といい、具体的に以下の5つのメリットを挙げています。

- **残業にあてて仕事の量をこなす**
- **英気を養い、翌日のパフォーマンスにつなげる**
- **通勤の疲れが少ないので仕事のクオリティが上がる**
- **人脈形成にあてて仕事の幅を広げる**
- **仕事の知識や教養など勉強の時間にあてる**

4 働き過ぎない

人気の投資系YouTuber高橋ダンさんは、お金持ちになるには、時間を効率的に使うことが大切で、そのためには「働き過ぎ」を避けるべきと主張します。

「世界で成功している多くの人は『ワークライフバランス』を重視しています。（略）

成功した人たちが週末にしていることとして、以下が挙げられています。

・本を読む　・家族と一緒に過ごす　・フィットネスをする

・よく食べてよく眠る」（『世界のお金持ちが実践するお金の増やし方』／かんき出版）

15位 不動産投資も視野に入れる

Point

1. 実物の不動産への投資は「他人の資本」で
2. 新築ワンルームマンション投資には要注意
3. 少額から始めたい人はREIT（リート）を活用する

「不動産投資は損をするだけ」「投資初心者は不動産投資に手を出すべきではない」といった意見がある一方、その約４倍の冊数のマネー本が、不動産投資に肯定的でした。

「私の資産の基盤は不動産だ。不動産は安定していて値動きがゆっくりなので気に入っている。資産の基盤はしっかりしたものにしておきたい。それに、不動産はそこからのキャッシュフローもけっこう安定しているし、うまく管理すれば価値が上がるチャンスもある」（ロバート・キヨサキ『改訂版　金持ち父さん　貧乏父さん』／筑摩書房）

「私が不動産投資を始めたのは2010年（24歳）のこと。（略）
そのとき何冊も本を読んで、不動産投資に興味を持ちました。
なぜなら、歴史的に大きな財産を築いた人の多くは、銀行からお金を借りて不動産を買っていることを知ったからです」（高橋ダン『世界のお金持ちが実践するお金の増やし方』／かんき出版）

「不動産は魅力的な投資対象になる。定期的な収入源になり、さらに値上がりも期待できるからだ」（アンドリュー・O・スミス『アメリカの高校生が学んでいるお金の教科書』／SBクリエイティブ）

不動産投資は２つに大別できます。

- **不動産そのもの（実物）を買う方法**
- **REIT（リート）（不動産投資信託）に投資する方法**

1 実物の不動産への投資は「他人の資本」で

不動産投資のひとつ目、「不動産そのもの（実物）を買う方法」とは、不動産（区分マンション／マンション内の一戸ずつの物件、戸建て住宅、一棟アパート、一棟マンションなど）を購入し、利益を得ることです。

利益を得る方法は、次の２種類です。

不動産そのものを買って利益を得る方法

- **キャピタルゲイン（資産の売却で得る利益）**
  不動産を購入し、値上がりしてから売り、売却益を得る。
- **インカムゲイン（保有していることで得る利益）**
  購入した不動産に人に住んでもらい、家賃収入を得る。

マネー本に書かれていた、実物の不動産への投資のメリットとリスクをまとめると、次のようになります。

◆（実物の）不動産投資のメリット

- 多くの場合、銀行から融資を受けて物件を買う。つまり、他人の資本で投資ができる。
- 入居者に住んでもらい、家賃を得るしくみができると、安定した収入が得られる。
- 管理会社やリフォーム会社をうまく使えば、自分はあまり動かなくてもいい（会社員でもやりやすい）。
- インフレ（Column 3参照）に強い。不動産は現物資産（＝ものと同じ）であるため、物価が上昇すると、価格が上がりやすい。
- 相続税対策になる。理由は、「土地や建物の価値は時価（実勢価格）よりも7～8割程度に安く評価される」ことと「不動産を人に賃貸すると相続税の評価額が低くなる」ため。

  わかりやすく説明すると、仮に1億円の現金があれば、1億円に対して相続税を払わなければならないが、1億円で買った「物件」であれば、安く評価されるので7000万～8000万円に対する税金で済む。人に貸している場合、物件の評価はさらに下がる。

◆（実物の）不動産投資のリスク

- 不動産の保有中は固定資産税や管理費などの経費がかかる。
- 不動産が値下がりする可能性がある。
- 家賃が下がる可能性がある。
- 空室や家賃滞納のおそれがある。
- 購入するには多額の資金が必要。
- 修繕費や管理費などがかかる。
- 現金が必要になったときにすぐに現金化できない（すぐに売れない。

手続きも必要)。急いで売ろうとすると買いたたかれる。

- 倒壊、火事、自然災害などのリスクがある。

「不動産投資」に否定的なマネー本の著者たちが、「投資初心者は不動産投資に手を出すべきではない」といっているのは、この実物を買うほうの不動産投資です。

「不動産投資」に肯定的なマネー本の著者たちも、「不動産投資をする場合はよく理解してから」と口を揃えます。

著書『本当の自由を手に入れる　お金の大学』(朝日新聞出版)で**「動く金額も大きいからしっかりと勉強してから手を出すべき投資やな」**と書いているのは、両@リベ大学長さんです。

同書には、不動産投資に成功できるかを判定する6つのチェックリストもあります。その一部を紹介します。

「1．投資不動産の種類、新築／中古、都市圏／地方のそれぞれの特徴を理解していますか？

2．先人たちがどのように成功したか書籍で学習したことがありますか？」

2 新築ワンルームマンション投資には要注意

実際にどんな物件に投資をしたらいいかは、「戸建て住宅」「アパート一棟」など意見が分かれていました。

気を付けるべき物件として、**複数のマネー本で注意喚起されていたのは、「新築ワンルームマンション(区分所有＝一部屋単位での購入)投資」**です。理由は、

「新築マンションは買ったときが一番高く、買ったらすぐに価値が下がる」

「業者の資料に『家賃保証』と書かれていても、高い家賃を保証してくれるのは最初だけ」

などです。

3 少額から始めたい人はREIT（リート）を活用する

不動産投資の２つ目は「REIT（リート）に投資する」です。

◉REIT……「Real Estate Investment Trust（リアル エステイト インベストメント トラスト）」の略。

Real Estate＝不動産

Investment Trust＝投資信託

アメリカで生まれた不動産投資信託のこと。

REITは、投資家から集めた資金を使って不動産を購入し、その不動産を賃貸したときの収益や、売却によって得られた収益を投資家に分配します。

実際に不動産を持ったり、賃貸住宅の経営をしたりすることなく（家賃の集金や入居者のトラブルに対応することなく）、不動産に投資できます。

日本版REITのことをJAPANの「J」をつけて「J-REIT」といいます（単に「REIT」と呼ばれることもあります）。

◆REITのポイント

- 証券取引所に上場しており、株式のように証券会社を通じて売買できる。
- 一般の投資信託の商品のように、「○○○リート」「△△△リート」といろいろな商品がある。
- 数万円程度から投資できる。
- 実際の不動産を持てない。
- 元本や分配金は保証されていない。

REITのしくみ

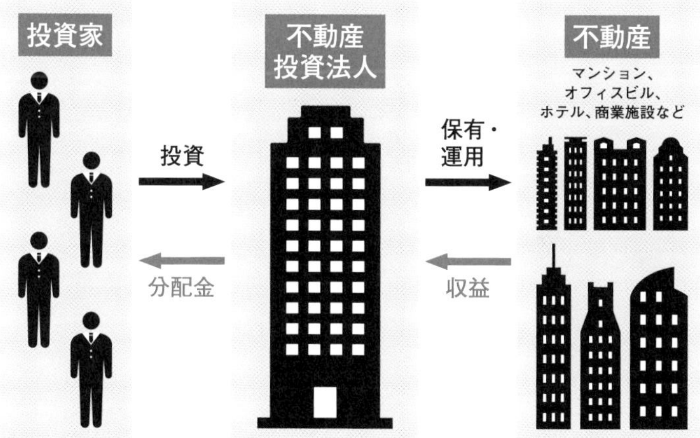

物件の用途によりオフィス型、住宅型、ホテル型、物流型などに分かれていて、収益の安定性や将来性が異なります。

16位 何をするにも まずは「貯蓄」から

Point

1 「自然にお金が貯まるしくみ」をつくる

2 収入の20〜30%を貯蓄する

お金を増やす方法、お金持ちになる方法として、マネー本で共通して挙げられていたのは貯金や預金をして、「貯蓄をすること」です。

◉貯金……お金を貯めること。郵便局、JAなどにお金を預けること。

◉預金……銀行などにお金を預けること。

「お金持ちになるための一番の方法は夢貯金箱だ。なんでもいいからふたのついた入れ物を探して、それを貯金箱にすればいいだけさ。そして、ふたに君の夢を書くんだ。(略)**夢貯金箱をつくったら、君が使わずにとっておけるだけのお金を入れるんだ」**(ボード・シェーファー『マネーという名の犬』/飛鳥新社)

貯蓄をする目的は、「ある程度まとまったお金をつくり、投資をするため」「予期せぬ出来事に備えるため」「将来に備えるため(結婚資金、子どもの教育資金など)」です。

1「自然にお金が貯まるしくみ」をつくる

お金を貯めるのが大切なことはわかっていても、なかなか貯められない人もいます。その場合は、お金が貯まるしくみを自分でつくります。たとえば、給料から毎月、自動的に一定額が天引きされるしくみを利用すれば、自然とお金が貯まっていきます。

◆効率的にお金を貯める方法

- お金が入ったらすぐに貯金分を別にし、見えないようにする（見えると使ってしまう可能性が高い）。
- 毎月のお給料から自動的に貯金分が引かれるしくみをつくる。
- できるだけ引き出しにくくする。

会社員で、勤めている会社に財形貯蓄（ざいけいちょちく）の制度があれば、活用すると便利です。

◉財形貯蓄……勤労者財産形成促進制度のひとつ。国と会社が連携して、従業員の資産づくりを支援する制度。

具体的には、会社を通じて、提携する金融機関に給料の一部を積み立てることで、資産をつくっていきます。財形貯蓄には、「一般財形貯蓄」「財形年金貯蓄」「財形住宅貯蓄」の３種類があります。

3つの財形貯蓄の違い

種類	目的	税制優遇措置	加入条件	積み立て期間
一般財形貯蓄	自由	なし	勤労者	3年以上
財形年金貯蓄	年金として受取（満60歳以上）	財形住宅貯蓄と合算して元利合計550万円まで利息非課税	契約時に55歳未満の勤労者	5年以上
財形住宅貯蓄	住宅の取得・増改築の費用に充当	財形年金貯蓄と合算して元利合計550万円まで利息非課税		

※保険等の商品の非課税限度額は、財形年金貯蓄のみなら385万円、財形住宅貯蓄とあわせて550万円、財形住宅貯蓄のみなら550万円。

◆財形貯蓄のメリット

- **毎月の積み立て額1000円以上から始められる。**
- **給料からの天引きなので手間なく貯金ができる。**
- **解約する場合は会社を通すため、引き出しにくい。**
- **「財形年金貯蓄」「財形住宅貯蓄」は利息が非課税となる**（ただし、目的外の払い出しの場合は課税されるなど、条件あり）。

会社に財形貯蓄の制度がない場合、会社員ではない場合は、銀行などの**「積立定期預金」**が便利です。毎月決まった日に指定した口座から自動的に振り替えられて積み立てができます。

お金を貯めるモチベーションを上げるために、毎月どのくらい貯まっていくかをリスト化した「貯金リスト」をつくっているマネー本の著者もいました。

「何年後にはこんなにたまっているの？　と嬉しい気持ちになり、やる気もでます」（づん『楽しく、貯まる「づんの家計簿」　書きたくなるお金ノート』／ぴあ）

2 収入の20～30％を貯蓄する

では、どのくらいの額を貯蓄すればいいのでしょうか。マネー本には次のような目安が記されていました。

- **収入の20％**（年金と貯金を合わせて）……『アメリカの高校生が学んでいるお金の教科書』（アンドリュー・O・スミス）
- 貯蓄率（収入のうち貯蓄に回す割合のこと）は**50％**……『年収300万円FIRE』（山口貴大【ライオン兄さん】）
- 収入の**10分の１**……『漫画　バビロン大富豪の教え』（ジョージ・S・クレイソン）
- 収入の**４分の１**……『私の財産告白』（本多静六）
- 手取りの**３割**……『お金に強くなる！　ハンディ版』（山崎元）

精査すると**おおよそ収入の20～30％を貯金に回すことが推奨**されています。

17位 「金利の高い借金」はしない

Point

1 借金は慎重に

2 返済の優先度は金利で決まる

多くのマネー本がお金の増やし方だけでなく、借金やローンについても触れていました。

◉借金……お金を借りること。借りたお金のこと。

◉ローン……貸付金。消費財や住宅の購入資金など、個人向けの貸出を「ローン」と呼ぶことが多い。

「借金」というと、一般的にあまりいいイメージはありません。しかし、複数のマネー本は、**「していい借金（いい借金）」と「してはいけない借金（悪い借金）」がある、と分けて記しています。**

◆していい借金

- **住宅ローン**
- **不動産投資**

◆してはいけない借金

- **銀行系カードローン、消費者金融やリボ払い（29位参照）など高**

い金利の借金

- **お金を生まない贅沢品**（高級車など）

◉カードローン……銀行や信販会社、消費者金融が提供する個人向け融資サービス。クレジットカードのキャッシング機能とは別で、現金の借り入れに特化している。

◉消費者金融……消費者金融業者。かつては「サラ金」と呼ばれていた。個人への融資がメイン。金利が高め（借入金額に応じて年15〜20%）。審査が早い。

「していい借金」として取り上げられていたのは、住宅ローンです。住宅ローンのおもな特徴は、「低金利」でお金を借りられることです。2023年５月現在、0.32%で借りられる金融機関もあります。この低金利を利用して資産形成をする、というのがマネー本の著者たちの主張です。

「僕の投資法なら20年というスパンで見れば、平均して６％以上の金利が期待できると話したよね。住宅を買える分の現金は投資に回し、住宅購入費はローンを組む。すると住宅ローンと投資分の金利の差額は利益になるんだ！　住宅ローンが仮に１％だとしたら、僕の投資法で考えると差分の５％が投資で得られる利益になる」（厚切りジェイソン『ジェイソン流お金の増やし方』／ぴあ）

また、借金がお金を生んでくれることになるから、不動産投資であれば、借金をしてもいいという意見もありました。

「１億円の不動産物件をローンを組んで買い、家賃収入が月100万円で、返済が毎月50万円だとすれば、細かい計算は別にして、手元に50万円残ることになる。（略）

借金をしてでも買うとは、こういうことなのだ」（泉正人『お金の大事な話』／WAVE出版）

どのような借金もしないほうがいい、という反対の声もありました。「借金は、たとえ少ないとしても、金利を払うことに変わりはないから」です。**金利を払わずに、その分、運用したほうが得**という意見です。

1 借金は慎重に

「借金をするときはくれぐれも慎重にする」は、マネー本の著者たちの共通の意見です。

「人がおカネを借りる理由はいろいろだけど、借りるより返すほうがだんぜん難しいってことは、覚えておいたほうがいい。借金は慎重に。そうでないと、返すのがだんだん大変になってくるからね」（デヴィッド・ビアンキ『13歳からの金融入門』／日本経済新聞出版）

◆借金をするときの注意点

- **無理のない返済計画を立てる。**
- **借り過ぎない。**
- **返済困難になるのを避けるため、住宅ローンは物件価格の最低10〜20%の頭金を用意する。**

- **必ず返す。**
- **身の丈以上は絶対に借りない。**

2 返済の優先度は金利で決まる

もし、複数の金融機関から借金がある場合は、消費者金融など、金利の高いところから先に返済します。

高い金利のところから返さないと、雪ダルマ式に借金が増えていくことになります。

「消費者ローンの金利は一番高いため、72の法則に従えば、どの借金よりもすぐに2倍に膨れ上がります。危機として取り扱う必要があります。10〜20パーセントもの金利のある借金を抱えている間は、投資や貯蓄のことなど考えてはいけません」（クリスティー・シェン、ブライス・リャン『FIRE　最強の早期リタイア術』／ダイヤモンド社）

「72の法則」については、13位「『複利の力』でお金を増やす」を参照してください。

株式投資は「情報集め」から

Point

1 決算書の数字の変化を見る

2 ネット情報は慎重に

株式投資する際は、**しっかりと投資先の情報収集をします。**

たとえば、株は安いときに買って高く売ることで利益が出ます。株が下がりそうか、上がりそうか、予測を立てるには、会社の情報や社会状況に目を配る必要があります。

1 決算書の数字の変化を見る

どこからどんな情報を集めればいいか、一例を紹介します。

(1) 決算書

各社のホームページに掲載。業績を知ることができます。

「細かい数字を見なくても構いませんが、例えば借り入れが増えているなど、過去と比較して変化があれば『なぜか？』を考えてみましょう」（泉美智子『今さら聞けない投資の超基本』／朝日新聞出版）

(2) IR（アイアール）情報

IRは「Investor（インベスター） Relations（リレーションズ）」の略。企業が株主や投資家向けに経営状態や財務状況、今後の見通しなどの情報を提供する活動のことです。多くは、企業ホームページの「投資家の皆様へ」「IR・投資家情報」でまとめられています。

(3)『会社四季報』（東洋経済新報社）

業績、株式市場の評価、業績予想、業績の記事、会社の特徴等が書かれています。年4回の発行です。

「重要なのは、業績予想がなぜそうなるのかの理由や背景を業績記事でチェックすることなのである」（山本隆行『伝説の編集長が教える会社四季報はココだけ見て得する株だけ買えばいい』／東洋経済新報社）

(4) ネット証券のホームページ

ネット証券では、株価はもちろん、企業情報も充実しています。検索窓に調べたい銘柄名や、銘柄コード（銘柄ごとにつけられている4ケタの数字）を入力すると、企業に関するニュースや業績、株主優待情報などが見られます。

2 ネット情報は慎重に

ニュースの収集にTwitterの活用をすすめる人もいました。

「ニュースはツイッターがいちばん早い。つまり口コミ。（略）だから僕は、基本的にニュースはツイッターだけにしている」

（cis『一人の力で日経平均を動かせる男の投資哲学』／KADOKAWA）

ただし、ネットの情報はソース（出どころ）が不確かなものもあります。**確実な情報とわかるまでは信用しない**ようにします。

19位 キャリアアップで収入を増やす

Point

1 自己投資で「自分」という資本を伸ばす
2 仕事で自分の価値を上げる

マネー本の約２割が説いていたのは、**「まずは、キャリアアップ**（高い能力を身につけて、経歴を高めること）**やスキルアップ**（能力や技術を高めること）**をして、収入を増やす」こと**です。

収入が多いか少ないかが、経済的豊かさに大きな影響を及ぼします。お金を稼げる力を「人的資本」といいます。人的資本を増やすことで、将来入ってくる収入が多くなります。

1 自己投資で「自分」という資本を伸ばす

(1) とくに20代、30代の若いときには、働いてお金を得る

マネー本では、**とくに若いときは、まず「働く」こと**を推奨しています。金融投資をする際にも、元手が必要です。

「いま20〜30代の若い方は、投資で資産を増やすよりも、仕事の収入を増やす方が『コスパ』がよいと思います」（水瀬ケンイチ『お金は寝かせて増やしなさい』／フォレスト出版）

(2)資格取得などに投資してキャリアアップを目指す

キャリアアップをするために大切なのは、金融商品に投資をする前に、**自己投資をすること**です。自分の仕事の専門性を高めるための資格を取得したり、必要な知識や能力を身につけます。

「アメリカ人の学生が、借金をしてまでMBAや博士号を取得するのは、それによって、能力の如何(いかん)にかかわらず給与が上がるからです。日本企業でもいずれ、こうしたキャリアシステムによる人事考課が定着してくるでしょう」(橘玲『新版　お金持ちになれる黄金の羽根の拾い方』／幻冬舎)

2 仕事で自分の価値を上げる

マネー本の中には、「お金」のためではなく、「個人の価値を上げるために働く」ことを推奨する本もありました。

「個人の価値さえ高めておけば、それをお金に変換することもできますし、お金以外の他の価値にも変換することができます。ここで言う価値とは、①スキル・経験のような実用性としての価値、②共感や好意のような内面的な価値、③信頼・人脈のような繋がりとしての社会的な価値、のいずれも含みます」(佐藤航陽(さとうかつあき)『お金2.0　新しい経済のルールと生き方』／幻冬舎)

「税金の知識」でお金の貯まり方が変わる

Point

1 自分が払っている税金・社会保険料を意識する
2 控除できるものはすべて控除する

20位は「『税金の知識』でお金の貯まり方が変わる」です。

◉税金……年金・医療などの社会保障・福祉や、水道、道路などの社会資本整備、教育、警察、防衛といった公的サービスに支払う代金。

1 自分が払っている税金・社会保険料を意識する

働く人は、収入に応じた額の税金を払っています。

ビジネスパーソンの場合、毎月、給料から一定の税金が源泉徴収（げんせんちょうしゅう）されています。源泉徴収とは、会社（＝お金が出るところ）が税金を預かって、税務署に納付するしくみのことです。

天引きされたあとの額が振り込まれる（＝自分で税金を支払いに行かない）ため、納税の意識は低いかもしれません。しかし、納めている税金は決して小さな額ではありません。

年収300万円の人の場合、手取り額は約240万円。約60万円が税金や社会保険料として引かれています。それをしっかり意識する必要があります。

税理士の出口秀樹さんは、著書『知れば知るほど得する税金の本』(三笠書房)の中で次のように述べています。

「自分がどれだけ税金を支払っているかも意識しないまま、生活している人はもしかしたら気が付かないうちに損をしているかもしれません。(略)自分が負担している税金はどのような仕組みで計算されているのか仕組みを理解していれば、節税の方法を知ることができます」

税金は40種類以上あり、国に払う税金(国税)と自分が住んでいる都道府県や市町村に払う税金(地方税)の2つに分かれています。知っておくべき身近な税金は次の2つです。

(1)所得税

国税。税率が決められていて、課税所得(総収入から経費などを引いたもの。計算のしかたは後述)が多くなるほど、税率が高くなります(累進課税)。所得税の納付額は、課税所得に税率を掛けたのち、一定の金額を控除(差し引くこと)して出します。

所得税の計算のしかた

所得税額＝課税所得×税率－控除額

例)課税所得500万円の場合の所得税額

500万円×20%－42万7500円＝57万2500円

課税所得と税率・控除額一覧

課税される所得金額	税率	控除額
1,000円から1,949,000円まで	5％	0円
1,950,000円から3,299,000円まで	10%	97,500円
3,300,000円から6,949,000円まで	20%	427,500円
6,950,000円から8,999,000円まで	23%	636,000円
9,000,000円から17,999,000円まで	33%	1,536,000円
18,000,000円から39,999,000円まで	40%	2,796,000円
40,000,000円以上	45%	4,796,000円

※平成25年から令和19年までの各年分の確定申告においては、所得税と復興特別所得税（原則としてその年分の基準所得税額の2.1%）をあわせて申告・納付する（国税庁のホームページより）。

(2)住民税

地方税。原則、所得に対して税率は一律10%です。

住民税の計算のしかた

住民税額＝所得×10%

株式投資等で得た利益にも、通常は税金がかかります。所得税15%、住民税5%、2037年12月末まではこれに復興特別所得税0.315%が加わり、合計20.315%です。NISA等を使うことで、これらが非課税になります（NISAについては11位で詳述）。

2 控除できるものはすべて控除する

節税する方法としてマネー本で紹介されていたのは、「所得控除」をうまく使うことです。

会社員などの課税所得は次のように計算されるため、控除が多いほど、課税所得が少なくなって税金も少なくなります。

課税所得の計算のしかた

課税所得＝給与－控除

- **給与**……基本給に残業代などの諸手当や賞与を加えたもの。
- **給料**……基本給。給与を指すこともある。

おもな控除は、次のページの表の通りです。

会社員の場合は、年末調整の際に、資料を揃えて、会社に提出することで手続きが済みます。

なお、「医療費控除」「寄附金控除」「雑損控除」は自分で確定申告をします。確定申告は、国税庁のホームページからもできます。

おもな控除一覧

基礎控除	合計所得金額から所得に応じて控除される。
配偶者控除	配偶者がいる場合に一定金額が控除される。ただし、年間の合計所得金額が48万円以下であること、給与のみの場合は給与収入が103万円以下であることなどの条件がある。
配偶者特別控除	配偶者に48万円を超える所得があるため配偶者控除の適用が受けられないときに受けられる。
扶養控除	扶養する親族がいる場合に受けられる。
障害者控除	自分や配偶者または扶養親族が所得税法上の障害者に当てはまる場合には、一定の金額の所得控除を受けられる。
社会保険料控除	自分や配偶者、その他の親族の社会保険料を支払った場合に控除される。
寄附金控除	国や地方自治体、特定の法人や団体に寄付をしたとき、「寄付金額(または、その年の総所得金額等の40%相当額の、いずれか低い金額)－2000円」を所得から控除できる。
医療費控除	医療費を一定額以上支払った場合に控除される。出産費用やレーシック手術費用も対象。
雑損控除	災害や盗難などで損害を受けたときに控除される。
生命保険料控除	民間の保険会社に一定の保険料を払った場合の控除。
地震保険料控除	支払った地震保険料に応じて控除される。
小規模企業共済等掛金控除	小規模企業共済は自営業者や個人事業主が廃業や退職したときのための一種の退職金制度。全額控除。

※控除の詳細については、国税庁のホームページで確認できます。

Column 4

早期リタイアは可能か？
「FIRE」という考え方

マネー本のベストセラー100冊の中に、タイトルに「FIRE（ファイア）」が入っている本が３冊ありました。

『年収300万円FIRE』（山口貴大【ライオン兄さん】／KADOKAWA）

『FIRE　最強の早期リタイア術』（クリスティー・シェン、ブライス・リャン／ダイヤモンド社）

『本気でFIREをめざす人のための資産形成入門』（穂高唯希／実務教育出版）

◉FIRE……「Financial（ファイナンシャル） Independence（インディペンダンス）, Retire（リタイア） Early（アーリー）」の略語。

Financial＝経済的

Independence＝自立

Retire＝リタイア、退職

Early＝早期

「経済的自立と早期退職」の意味。ある程度お金を蓄えて、早期退職し、生活費を投資の利益でまかなうという、アメリカで広がり始めた生き方・考え方。

FIREが提唱する「経済的自立」とは何でしょうか？

『年収300万円FIRE』（山口貴大【ライオン兄さん】／KADOKAWA）では、次のように定義しています。

「自分の貯金や収入を投資に回すことで得られる定期的な不労所

得（「インカムゲイン」）**だけで生計が成り立っている状態」**

つまり、ある程度お金を蓄えて、早期退職し、生活費を投資の利益でまかなう、という考え方です。

単純な計算では、次のようになります。

「月の生活費が20万円だとしたら、年間で240万円。6000万円の投資から毎年５％の配当金をもらえれば、年間300万円。そこから税金で20.315％引かれて、約240万円」（大河内薫、若林杏樹『貯金すらまともにできていませんが　この先ずっとお金に困らない方法を教えてください！』／サンクチュアリ出版）

「FIRE」を実現するには、資産をつくり、運用して、ある程度大きな額（目安は年間支出の25倍）にします。その後、引退し、資産を少しずつ取り崩して生活をします。

運用しながら取り崩すときには「４％ルール」に従うと、資産を減らすことなく、運用利益だけで生活ができる、という考え方があります（「４％」が資産からの取り崩し率か、運用益からかは諸説あり）。

４％ルールとは、1998年に行われたアメリカ・トリニティ大学の研究が基になっています。この研究では、**「ポートフォリオ**（資産）**の４パーセントの資金で１年間の生活費を賄えれば、貯蓄が30年以上持続する可能性が95パーセント」**（クリスティー・シェン、ブライス・リャン『FIRE　最強の早期リタイア術』／ダイヤモンド社）と結論づけているのです。

FIREを目指すには、まずは、本業と並行して資産を育てることから始めましょう。

Part.3

損をしないために知っておきたいメリット・デメリット「10のポイント」

ランキング 21～30位

最後は「自分のアタマ」で考えて決める

Point

☑ **銀行や証券会社のいいなりにならない**

21位は「最後は『自分のアタマ』で考えて決める」です。

投資をするときに情報を集めることは大切ですが、**最終的には自分でよく考えて決めます。**

◆投資の決断をするときに気を付けるポイント

(1)銀行や証券会社のいいなりにならない

マネー本の著者たちは、

- **銀行や証券会社のいいなりにならない**
- **証券会社の宣伝にだまされてはいけない**

など、「金融機関の人の話を鵜呑(うの)みにしないように」注意を促しています。

なぜ、金融機関の人の話を鵜呑みにしてはいけないのでしょうか。

金融機関は、「金融商品を売って、自分たちの利益を上げていく」ことが仕事だからです。

金融機関が「投資家に損をさせたくない」と思っているのは間違いありません。ですが、金融機関が売りたい商品（金融機関が儲かる商品）と、投資家が買いたい商品が同じとは限りません。

世界的名著といわれる『敗者のゲーム』（チャールズ・エリス／日本経済新聞出版）には次のように書かれています。

「証券会社と投資信託会社の担当者に気をつけること。多くの場合、素晴らしい人たちだ。しかし、彼らの仕事は、あなたを儲けさせることではなく、あなたから儲けることである」

レオス・キャピタルワークス代表取締役会長兼社長・最高投資責任者の藤野英人さんの著書『投資家が「お金」よりも大切にしていること』（星海社）では、次のような指摘をしています。

「大手の投資運用会社の担当者はサラリーマンなので、サラリーマンとしてのリスクを背負って運用します。つまり、お客さんのお金が増えるかどうかよりも、サラリーマンとして怒られないかどうか、という観点で運用するわけです」

(2) 理解できたものに投資をする

投資をするときは、自分の頭で理解できたものだけにします。

「自分が理解していない商い（あきない）、あるいは、黄金の防衛に秀でた者が否定する商いに投資をしてしまう持ち主からは黄金は離れていくだろう」（ジョージ・S・クレイソン『漫画　バビロン大富豪の教え』／文響社）

(3) 他の人の意見だけで決めない

新聞やニュースで集めた情報も、信頼できる人から聞いた話も、一度は疑ってみることが大切です。投資は自己責任。**最終的に自分の判断で決めます。**

お金持ちになりたければ、「お金の勉強」は不可避

Point

✓ 投資をするなら１に勉強、２に勉強

お金を増やすため、投資を成功させるために、「勉強をする」ことの大切さを多くのマネー本の著者が説いています。

「お金との正しいつきあいかたを知らないせいで苦労している大人はとても多い。だから、お金の勉強はなるべく早いうちに始めること」（ボード・シェーファー『マネーという名の犬』／飛鳥新社）

なぜ、お金について勉強することが大切なのでしょうか。マネー本の著者たちによる「お金の勉強が必要な理由」をまとめると次のとおりです。

- **お金の知識が人生を決める。**
- **（学ぶための）自己投資がいちばん大きなリターンを生む。**
- **成功する人は常に研さんを怠らない。**
- **勉強しなければ、儲けられない。**

経済評論家の勝間和代さんは、著書『お金は銀行に預けるな』（光文社）で次のように述べています。

「金融は非常に公正な市場で、勉強すれば勉強した人にリターンが必ず返るしくみになっています。（略）金融の知識をうまく味方

につけ、その知識を応用していくことで自分の資産を上手に運用することが可能になります」

「勉強しておいたほうがいい、お金にまつわる分野」と「勉強法」について、マネー本の著者の意見をまとめると下記になります。

◆お金持ちになるために勉強しておいたほうがいい分野

貯蓄・投資・保険・年金・住宅・相続・税金・会計・法律

◆どうやって勉強すればいいか

- **「お金の基本」がわかる本を読む。**
- **「お金持ちになった人」の本を読む。**
- **「お金のセミナー」に参加する。**
- **お金について学べる「学校」に通う。**
- **お金について学べる「仕事」に就く。**

お金についての知識を身につけるには、費用がかかる場合もあります。ファイナンシャルアカデミー代表の泉正人さんは、まずは「自分に投資をすることが大切」と述べています。

「僕は自己投資ほど安く済む投資はないと思う。30万円の自己投資をして学んだ人と、何もせずに数百万円を損する人の差は大きい。無知は高くつく。だからこそ、まずは勉強をする」（『お金の大事な話』／WAVE出版）

23位 「自分に合った」金融機関を選ぶ

Point

☑ 投資のコストはできるだけ抑える

株式や投資信託、国債などの、金融商品を購入する際には、金融機関（証券会社、銀行、郵便局など）に口座を開く必要があります。どこで口座を開けばいいのでしょうか。

国債や投資信託は、証券会社でも銀行でも購入できます。株式は証券会社以外では購入できません。

◆「国債」購入時の金融機関選びのポイント

- 国債の価格は**どこの金融機関で購入しても変わらない。**
- 購入の際に**お得なキャンペーン**（現金プレゼントなど）を実施している金融機関がある。

◆「投資信託」購入時の金融機関選びのポイント

- ネット対応ではない証券会社や銀行の場合、**窓口や電話で相談ができる。**ただし、商品の勧誘をされる場合がある。
- 銀行よりも証券会社のほうが、**取り扱い商品の種類が多い。**
- 対面取引のほうが、**手数料が高め。**
- 証券会社では、ネット取引専用の証券会社が、現在の主流。
- ネット取引専用の証券会社は、**自由な時間に取り引きができる。**

◆ネットの証券会社選びのポイント

マネー本の多くがネットの証券会社を推奨していました。ネットの証券会社の選び方のポイントは次の３つです。

(1)手数料の安さ

株であれば、金額はどこで購入しても同じです。ただし、株式を売買するときの手数料は証券会社によって設定が異なります。

(2)ツールやアプリの使いやすさ

ネットの証券会社のツールやアプリは、見やすさや用意している機能などが違います。実際に見て、使いやすい会社を選びます。

(3)商品ラインナップの豊富さ

取り扱い商品は各証券会社によって異なります。

複数のマネー本で紹介されていたのは、おもに次の３社です。

複数のマネー本がおすすめしているネット証券

楽天証券	画面操作がわかりやすい。楽天ポイントが貯まる。
SBI証券	スマホアプリで管理がしやすい。為替手数料が安い。
マネックス証券	取り扱い個別銘柄(株式のひとつひとつの銘柄)数が多い。

口座は無料で開設できます。もし、どこの証券会社にするか迷った場合は、気になる数社に開設してみるのも手です。使い勝手を比べてみたり、各社から情報を得たりするのもいいでしょう。

Column 5

「銀行」、ちゃんと使い分けていますか？

お金と銀行は切っても切れない関係にあります。ここでは銀行のしくみと、銀行の種類と特徴についてまとめます。

◆日本銀行の役割

銀行には日本銀行（日銀）と市中銀行（民間の銀行／市銀）があります。日本銀行は日本の中央銀行（国家の金融機関の中核）です。おもに次の３つの役割があります。

- お札を発行する。お札には「日本銀行券」と書いてあります。
- 銀行の銀行。金融機関は日本銀行に口座を持ち、資金の貸し借りをしたり、国債（25位参照）の売買をしたりします。一般の人は日銀に口座を開けません。
- 政府の銀行。年金や公共事業費などの支払いを行ったり、税金や社会保険料などの受け入れを行っています。

◆市中銀行でできること

市中銀行は、一般の預金者からお金を預かって運用する銀行です。銀行でできることは、おもに次の６つです。

①振り込み　②預け入れ　③引き出し　④支払い　⑤借り入れ
⑥投資信託や保険商品、国債などの購入

銀行にはさまざまな種類があり、それぞれ特徴があります。

銀行の種類と特徴

種類	ニーズ	特徴
都市銀行	安心感がほしい	●全国に支店がある。 ●株式会社で株主の利益を重視。 ●ネームバリューと安心感がある。
地方銀行	個人や中小企業の経営者で融資を受けたい	●都市銀行よりも個人や中小企業の融資に積極的。 ●各都道府県に本店を置き、それぞれの地方を中心に営業を展開している。 ●地域密着型。
信用金庫	親身に相談に乗ってほしい	●「地域に住んでいる人」または「地域で事業を行う事業者」等が利用できる。 ●地域社会の利益が優先の非営利組織であり、親身になってくれる。 ●会員になると融資が受けやすく、金利優遇も。
JAバンク	農業の盛んな地域に住んでいる	●全国金融機関の「農林中央金庫」をバックに持つ。 ●一般の人も口座はつくれる。 ●高金利定期預金のキャンペーンが行われることも。 ●ATMが多い。
信託銀行	資産の運用管理を頼みたい	●相続や信託のしくみを使った資産の運用管理に強みがある。
ゆうちょ銀行	夜間などにATMで入出金することが多い	●店舗数とATM(全国に3万2000台)の数が多い。 ●店内ATMの入出金手数料が時間外も無料。
ネット専業銀行（ネットバンキング）	貯蓄用の口座として使いたい	●多くは店舗がなく、PCやスマホの決済に特化。 ●金利が高めで、手数料は安め。

今すぐに行動する！

Point

少額でもいいので金融商品を買ってみる

「まずは実行する」
「１回体験してみるといい」
「すぐに行動できるかどうか」
「できるだけ早く」

など、言葉は違いますが、マネー本の著者たちは、**「投資をすぐに始める」ことを推奨しています。**

早く始めたほうがいい理由は３つあります。

(1)「時間」を味方につけることができるから

投資期間が長いほど、お金を増やしやすいといわれます。複利効果（13位参照）を活かせるからです。人生でいちばん若い「今」投資を始めることで、投資期間を長くできます。

「あなたには、時間という最も価値の高い資産があります。投資を始めるのが早ければ早いほど、よい結果が出るということです。多額の投資を年をとってからするより、少額でも若いときから投資したほうが、お金が貯まるのです」（ピーター・リンチ、ジョン・ロスチャイルド『ピーター・リンチのすばらしき株式投資』／ダイヤモンド社）

(2) 株価は上がり続けているから

「歴史的に見ても株価は上昇し続けている」と記されていたのは、専業投資家歴30年以上のかぶ1000（せん）さんの著書『貯金40万円が株式投資で４億円』（ダイヤモンド社）です。

日本の株式市場全体の時価総額も右肩上がりで、直近10年で２倍以上になっていると指摘しています。早く始めるとそれだけ株価上昇の恩恵を受けられるかもしれません。

(3) 経験が積めるから

何ごとも経験です。投資は成功することもあれば、うまくいかないこともあります。早く始めることで、多くの経験を積むことができます。

どんなことも「始める」のは怖いものです。

しかし、何ごともやってみないことには、わかりません。**せっかく「お金を増やす」知識を身につけても、行動しないままでは、お金は増えません。**本を読み、初歩的な知識を身につけたら、まずは投資を始めてみませんか。

マネー本では、**まずは少額から始める**ことをすすめています。

ネットの証券会社では、100円から投資信託の積み立てができるところもあります。初心者向けに設計されているつみたてNISAを利用すると、始めやすいかもしれません。一般NISAを使い、１銘柄でもいいので少額の株式を購入するのも手です。

リスクを減らしたいならまず「国債」

Point

「変動10年」なら物価に合わせて金利が変わる

多くのマネー本で「リスクが低い」「安全」「元本割れがない」金融商品として紹介されていたのが「国債」です。

「絶対に元本割れをさせたくないのであれば国債は悪くない選択だと思います」（小林義崇『すみません、金利ってなんですか？』／サンマーク出版）

国債は、国が発行元となっている債券のことです。債券は国や企業などが資金調達のために発行するもので、借用証書の一種です。国債はいわば、「国の借金の証書」です。国債を買うことは、国に投資をしていると考えることもできます。

さまざまな国で国債を発行していますが、一般的に国債といえば、日本の国債を指します。国債は日銀や民間銀行、生保・損保、年金基金などが保有していますが、個人でも買うことができます。

個人で買える国債は、「新型窓口販売方式（新窓販（しんまどはん））国債」と「個人向け国債」があります。両者の大きな違いは、「新窓販国債」が「ひと口５万円から」なのに対し、個人向け国債は「ひと口１万円から」と設定が低いところです。

複数のマネー本で紹介されていたのは、後者の個人向け国債です。個人向け国債は３種類あります。

個人向け国債の種類

種類	変動10年	固定５年	固定３年
満期	10年	５年	３年
金利タイプ	変動金利	固定金利	固定金利
利率（年率）一例	0.28% 初回の利子の運用利率	0.09%	0.05%

◆個人向け国債のメリット

- ひと口１万円の少額から購入できる。
- 年率0.05%の最低金利の保証がある。
- 元本割れがない。
- 保有が１年を過ぎたら換金できる。

◆個人向け国債のデメリット

- 株式投資等と比べるとリターンが低め。
- 満期より前に中途換金すると、受け取れる利子が少なくなる。
- 預金とは違い簡単に換金できない。

マネー本ですすめられていたのは**「変動10年」**です。世の中の金利の動きに合わせて金利が変わるためです。2023年５月25日現在、国債は、元本割れがない銀行の定期預金よりも金利が高いです。定期預金よりは国債のほうが、お金は貯まります。

26位 配当金と株主優待を狙う

Point

株式投資の魅力は値上がり益だけではない

株式投資（株式会社の発行する株を売買して利益を得ること）の魅力は３つあります。

(1)値上がり益

株が購入したときよりも値上がりした場合、売却すれば差額が利益になります。

(2)配当金

会社が得た利益の一部が株主に還元されます。

会社の利益が増えれば配当金も増え（増配）、会社の利益が減れば配当金も減ったり（減配）します。業績が悪化すると配当のない「無配」になることも。そもそも配当のない銘柄もあります。

配当を多く出す企業の株式を「高配当株」といいます。増配を何年も続けている銘柄を「連続増配株」といいます。

配当で資産を増やしているマネー本の著者もいます。

「定期的に株式（私の場合は高配当株・連続増配株）をひたすら購入していけば、配当金は応分に積み上がっていきます」（穂高唯希『本気でFIREをめざす人のための資産形成入門』／実務教育出版）

(3) 株主優待

会社の業務内容を知り、ファンになってもらうため、株主に対して、自社製品やサービスを提供するしくみです。株式の保有数に応じて、食事券や商品券、割引券などがもらえます。

株主優待を受け取るには、権利確定日（株主優待や配当などの権利が得られる日）に株主名簿に株主として記載されている必要があります。そのためには、権利確定日の２営業日前までに株式を購入しなければなりません（たとえば、３月31日〈木〉が権利確定日であれば、３月29日〈火〉までに買う）。

また、すべての会社が株主優待制度を実施しているわけではありません。株主優待を実施している企業と内容は、東洋経済新報社発行の『会社四季報』の巻末でまとめて見ることができます。

株主優待制度の一例

銘柄	おもな優待内容	権利確定
イオン	ギフト券・割引券	２月末・８月末
ANA ホールディングス	ANA国内線 搭乗優待	３月末・９月末
日清食品 ホールディングス	グループ会社の 製品詰め合わせ	３月末・９月末
オンワード ホールディングス	自社サイトの 買い物割引券	２月末
キリン ホールディングス	自社製品	12月末
大塚 ホールディングス	自社製品	12月末

外貨預金には特有のリスクがある

Point

☑ 為替の変動に伴うリスクと手数料を知っておく

預金と聞くとリスクがないように感じますが、「外貨預金」は「為替変動リスク」があります。為替とは、簡単にいえば「通貨を交換すること」で、その交換のレート（為替相場）は刻一刻と変化しています。

外貨預金は、日本円を米ドルやユーロなど「円以外の外国の通貨」に替えて預金することです。

一般的には、定期で預ける「外貨定期預金」を指しますが、普通預金を外貨で預ける「外貨普通預金」もあります。

◆外貨預金の特徴

- **円を外貨に交換して預ける。**
- **預けたときより円安になると有利。**
- **為替相場の動きで損をすることもある。**
- **基本的に円と外貨を交換するときに為替手数料がかかる。**
- **預金保険制度の対象ではないため、預け先の銀行が破綻したときに保証されない。**
- **利息が外貨でつく。**

運用し日本円に替えるときに、預けたときよりも為替レートが円安になっていると、為替差益（為替レートの変動によって得られた利益）を得られます。為替レートとは、「1ドル＝100円」など、通貨を交換する比率のことです。逆に、為替レートが円高になると為替差損（損失）が生じます。

外貨預金で利益が出るしくみ

例）1ドル＝100円のとき、1万ドルを預けた

（日本円にすると、100円×1万ドル＝100万円）

1ドル＝130円のときに、引き出した（円安）

（日本円にすると、130円×1万ドル＝130万円）

＝

為替の変動による　30万円の利益＋利息（金利）

※為替差益や利息には税金がかかります。

外貨預金を運用する際のポイントは大きく2つです。

(1) リスクと手数料を知っておく

外貨預金は、円の預金よりも金利が高いのが特徴です。どこの国の通貨か、預ける期間、銀行によって金利は異なります。

たとえば、住信SBIネット銀行の外貨定期預金の場合、期間が1年なら米ドル4.6%、ユーロ2.4%、カナダドル3.7%、南アランド5.6%（2023年5月25日現在）です。

一方で、外貨預金は為替手数料がかかります。

◉為替手数料……円とドルなど外国の通貨を交換するときに、毎回払う。

為替手数料がかかるほか、どの通貨が有利かは一概にいえないため、外貨預金を始めるときには、為替のしくみをよく理解しておきましょう。

また、日本では、金融機関が破綻した場合、預金者の預金を保護する「預金保険制度（ペイオフ）」があります。**外貨預金は、預金保険の対象外である**ことも覚えておきましょう。

(2)為替相場に敏感になる

外貨預金をする場合は、為替レートに気を配るのは当然のことです。為替変動のリスクがあるためです。

では、日本の債券や株式しか買わない場合は、外国為替は関係ないのでしょうか。

為替レートは国内の企業の株価にも大きく影響します。

ここで、「円高」「円安」についておさらいをします。

円安と円高

- **円安……円の価値が下がること**

例） 1ドル＝100円➡1ドル＝200円

（それまで100円で買えたのに、200円出さないと買えない➡円の価値が下がっている）

- **円高……円の価値が上がること**

例） 1ドル＝100円➡1ドル＝80円

（それまで100円で買っていたものが、80円で買えた➡円の価値が上がっている）

円安になると、輸出企業が儲かります。輸出した品が海外で安く買えるようになるので、売上が伸びるからです。国内では外国人観光客が増加し、小売業等の売上が上がります。

円高になると、輸入企業の株価が上がります。輸入品が安くなるために売上が上がるからです。輸出に力を入れている企業は、現地で今までの値段以上に上がってしまうため、商品が売れにくくなり、株価が下がります。海外旅行の費用は安くなります。

外貨預金をしない場合でも、日本企業の株価や日常の生活に大きな影響がありますので、為替相場には敏感でいましょう。

FXはハイリスク・ハイリターン

Point

✓ 投資初心者にFXはおすすめできない

多くのお金の本で「FX」に触れられていました。

FXとは何でしょう。

◉FX……「Foreign（フォーリン） Exchange（エクスチェンジ）（外国為替）」の略称。「外国為替証拠金取引」ともいわれる。

※「証拠金」とは最初にFX会社に預けておく資金のこと。

FXの取引では、異なる国の通貨を交換・取引することで、為替レートの変動による差で儲けます。基本は「円高のときに外貨を買って、円安のときに高く売る」ことで利益を得ます。

たとえば、円高ドル安のときにドルを買って、円安ドル高のときに売るとその差が利益となります。

為替変動の傾向や動向を研究して、うまくつかめれば、儲けにつながります。

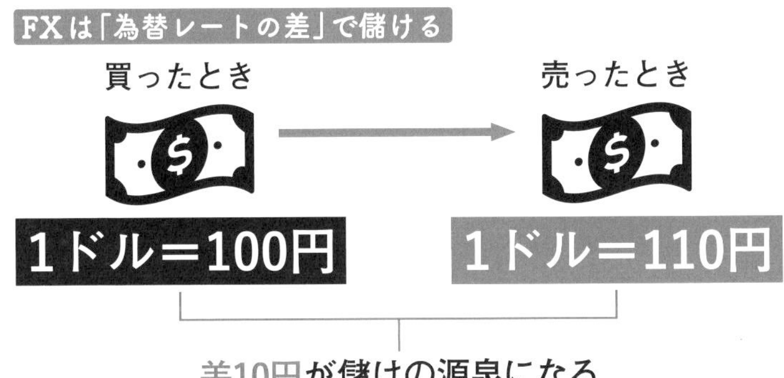

◆FXのおもな特徴

FXの特徴はおもに次の３つです。

(1) ほぼ24時間取引ができる

日本の株式市場は取引できる時間が決まっています。

一方、FX市場は、東京だけではなく、ニューヨーク、ロンドン、シドニーなど、世界各国にあるため、平日は24時間市場が開いています。自分のライフスタイルに合わせて、朝でも夜でも取引ができるというメリットがあります。

しかし、いい面だけではありません。お金のプロの中には、夜中も市場が気になり「精神的に消耗した」という人もいました。

「損益だけでなく精神面でも消耗するような投資行動は永続的でないことに気づき、ようやくFXに見切りをつけ、本格的に株式投資に軸足を移すことになります」（穂高唯希『本気でFIREをめざす人のための資産形成入門』／実務教育出版）

(2)最大25倍までレバレッジが効く

FXはFX会社の口座に証拠金（取引に必要な資金）を預けて取引をします。その際、「レバレッジ」を利用できます。レバレッジとは英語で「てこ」のこと。小さな力で大きなものを動かすことを指します。

FXでは最大で、証拠金の25倍まで取引ができます。１万円の証拠金を預けた場合、25万円分の取引ができる。つまり、小さな資金で大きな取引ができるのです。

レバレッジとは

例）１万ドルの取引を行う場合（１ドル＝100円換算）

- **レバレッジなし**

１万ドル　➡　資金が100万円必要

（１万ドル÷100円＝100万円）

- **レバレッジ25倍だと**

１万ドル　➡　証拠金４万円で取引できる

（４万円×25倍＝100万円）

少ない資金で大きな取引ができるのは魅力でもありますが、一方でリスクでもあります。

FX取引のレバレッジのしくみ

FXでは取引の単位を「1ロット」と呼びますが、1ロットは「1000通貨」「1万通貨」などさまざまです。

たとえば、米ドル1000通貨➡1000ドル
米ドル1万通貨 ➡1万ドル

例）レートが1ドル＝100円のとき、4万円の証拠金で100万円分、つまり、1万ドルを買ったとする（レバレッジは25倍になる）。

- 為替が1円、円安に……1円×1万通貨＝1万円の儲け
- 為替が1円、円高に……1円×1万通貨＝1万円の損失

4万円を元手に儲けようとして始めたはずが、またたくまに3万円に減ることもあります。

そのため、FXは「ハイリスク・ハイリターン」の取引といわれます。

(3)金利差を利用した「スワップポイント」がある

「スワップ」とは交換の意味です。「スワップポイント」とは、2国間の金利差から得られる利益のことです。

FXでは、低金利の通貨を売って高金利の通貨を買うと、保有している間は、金利差分の利益を得られます。

ただし、買った通貨よりも、売った通貨のほうが、金利が高い場合は、金利差を支払うことになります。

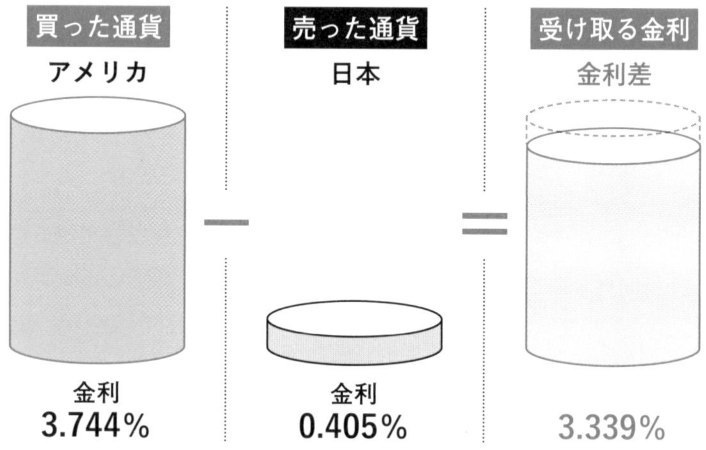

◆投資初心者がFXに手を出すリスク

お金のプロたちの本の中には、「FXで稼いだ」という声もありましたが、半数は「投資の初心者はやらないほうがいい」という意見でした。

ジャーナリストの池上彰さんは、著書『20歳の自分に教えたいお金のきほん』（SBクリエイティブ）の中で次のように断言しています。

「当たれば大儲けできますが、失敗すると大損することになり、投資の初心者がやるものではありません」

FXはハイリスク・ハイリターンな投資のため、**投資を理解しないうちはやらないほうがいい、**ということです。

◆FXを始める際の注意

こうしたリスクを理解した上で、それでも始める場合は、証拠金を多く入れて、外貨を少しだけ買う**「低レバレッジ戦略」**から始めます。

専業トレーダーの二階堂重人（にかいどうしげと）さんは、著書『世界一わかりやすい！　FXチャート実践帳　スキャルピング編』（あさ出版）の中で次のように述べています。

「トレードが下手な人は高レバレッジでどんどん資金が減っていきます。（略）

FXの初心者は、低レバレッジからトレードを始めましょう。そして、トレードが上達するにつれて、徐々にレバレッジを高くしていきましょう」

投資の初心者はFXには手を出さない。

始めるのであれば、FXについてはもちろん、国際情勢や国際経済、日本経済をよく勉強する。そして、低いレバレッジからスタートするのがいいでしょう。

クレジットカードは「使い方」が10割

Point

☑ 1回払いが基本。引き落とし口座の残高不足に注意

29位は、「クレジットカードは『使い方』が10割」です。

お金のプロたちの多くが、「リボ払いは使わない」「いつも1回払いにする」「生活費は現金主義にする」など、クレジットカードの使い方について警鐘を鳴らしています。

◉クレジットカード……商品を購入する際に、現金を使わずにカードを提示することで後払いできる決済手段。18歳から親の同意なしにつくれる。

クレジットカードは、次のしくみになっています。

- 利用者（消費者）が加盟店（クレジット会社と契約している店や銀行等）でクレジットカードを使い、商品やサービスを買う。
- クレジットカード会社が、商品やサービスの代金を立て替えて、加盟店に支払う。
- 加盟店はクレジットカード会社に手数料を払う。

クレジットカードのしくみ

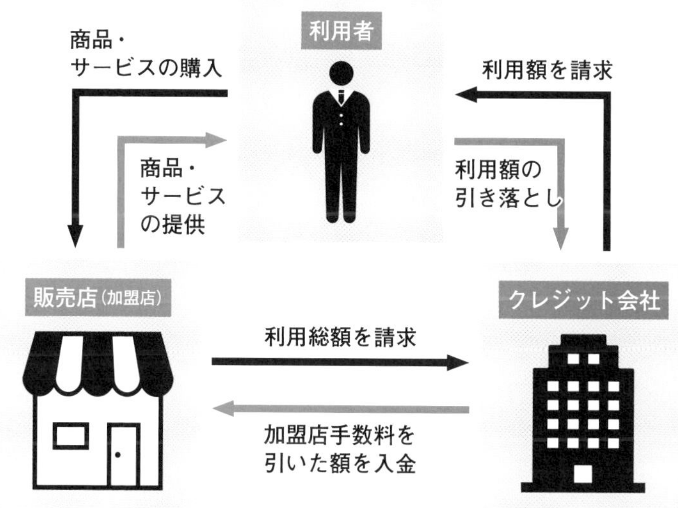

◆クレジットカードの３つのメリット

クレジットカードのメリットはおもに次の３つです。

(1) 現金がなくても買い物ができる

現金がなくても買い物ができ、使った額の請求が来るのは月に一度です。**短期間ですが、クレジットカード会社に対して借金をしていることになります。**

(2) 利用履歴が残り、家計管理がしやすい

利用履歴はウェブなどで確認できるため、家計簿などをつける手間が省けます。

(3) ポイントが貯まる

貯まったポイントは現金と同じように使えます。ただし、ポイントがたくさん貯まるからといって、不要なものまでクレジットカードで購入するのは無駄使いです。

お金のプロたちがクレジットカード払いをすすめる商品（サービス）は次のような公共料金や通信費です。

- 水道代
- ガス代
- 電気代
- スマホの通信費

口座振替や請求書による支払いの場合と異なり、クレジットカード払いにすると、支払いに応じて、ポイントが貯まっていきます。

◆クレジットカード利用上の３つの注意

クレジットカードは身近で便利なものですが、お金のプロたちの多くは、３つの点で、使い方に注意が必要だと述べていました。

(1) 支払いは１回払いにする

多くのお金のプロたちが注意喚起しているのは、クレジットカードの支払い方式です。

クレジットカードの代表的な支払い方式は次の４つです。

クレジットカードの代表的な支払い方式

- **翌月一括（1回）払い**

商品購入の翌月に一括で支払う。手数料はかからない。

- **ボーナス一括（1回）払い**

商品購入の翌ボーナス月に一括で支払う。手数料はかからない。

- **分割払い**

「支払回数」を決めて、複数回に分けて支払う。金額や支払い回数に応じた手数料がかかる。

例）10万円のパソコンを10回払いにした場合、パソコン代に手数料を加えた額を10回に分けて支払う。支払いは10回で終わる。

- **リボルビング払い（リボ払い）**

毎月の「支払金額」を決めて支払う。リボ払いで使った件数や金額にかかわらず、毎月の支払金額がほぼ一定。手数料がかかり、残高に応じて計算される。

例）10万円のパソコンを買って、毎月１万円のリボ払いにした場合、毎月１万円支払う。翌月に５万円のコートを買ってリボ払いにした場合、支払い額は１万円と変わらないが、支払いの期間が延びる。

４つの支払い方式のうち、**お金のプロたちは「支払い回数は１回にする」ことをすすめています。**理由は、複数回の支払いにすることで、手数料がかかってしまうこと、**クレジットカードの手数料が高いこと**を挙げています。

クレジットカードの種類によって、手数料率は異なります。一般的には、12〜15%です。

手数料率15%で10万円の商品を月々5000円のリボ払いにした場合、クレジット会社によって異なりますが、支払総額は11万3000円〜11万6000円くらいになります。**10万円の商品に対して、1万円以上多く払うことになります。**

10万円の商品を20回の分割払い（手数料15%）にした場合も、支払う額はほぼ同じです。ただし一般的には、リボ払いよりは分割払いのほうが、得になりやすいといわれます。

元三井銀行（現・三井住友銀行）の行員でお金の専門家として知られる菅井敏之さんは、著書『一生お金に困らない！　新・お金が貯まるのは、どっち!?』（アスコム）の中で、**「リボ払いの金利は15%と、とんでもない金利です。絶対に利用してはいけません」**と述べています。

全米の学生が学んできたロングセラー『アメリカの高校生が学んでいるお金の教科書』（SBクリエイティブ）の中で、著者のアンドリュー・O・スミスさんは次のように警鐘を鳴らしています。

「これから大切なことを言うので、よく覚えておいてもらいたい。『クレジットカードはいつも1回払いにすること』。本当の緊急時であれば仕方がないが、それ以外は絶対に残高を翌月以降に持ち越してはいけない」

どうしても一括で払えない場合は、ボーナス一括払いや、2回払い（金利は2回までならかからない）を使うといいでしょう。

(2) クレジットカードは２枚までにする

クレジットカードは多く持たないほうがいいという意見も複数ありました。

理由は、多く持つと管理が煩雑になったり、クレジットカードの会費が多くかかったりするためです。とはいえ、１枚だけでは、万が一、カードを紛失したときなどに現金しか使えず不便です。予備に１枚つくり、合計で２枚にします。

年会費は種類によって無料のものもあれば、かかるものもあります。年会費の高いものは、たとえば、空港のラウンジが使えたり、海外旅行の傷害保険の補償額が高額になるなど、特典や優待サービスが充実しています。**特典やサービスを比較し、自分に合ったカードを選ぶ**ようにします。

(3) 引き落とし口座は残高不足に気をつける

クレジットカードを使ったときには、使用した額を把握し、引き落とし口座が残高不足にならないように注意します。

万が一、残高不足だった場合は、クレジットカード会社に連絡をして、対処方法を確認します。

長期的に支払いが遅れたり、何度も遅延が繰り返されると、クレジットカードが使えなくなる場合があります。

さらに、金融機関の信用情報に記録され、住宅ローンの申し込みや、新たなクレジットカード発行の際などの審査に悪影響を及ぼすこともあります。

クレジットカードは、計画的に使い、使った金額、引き落とし日の確認をしておくことが大切です。

米国株投資を始める

Point

✓ 経済成長と株価の長期的な値上がりが期待できる

マネー本100冊のうち約１割の本が、米国株をすすめています。

◉米国株……アメリカの証券取引所に上場している株式。

マネー本で米国株をすすめる理由はおもに次の３つです。

(1) 長期的な値上がりが期待できる

「米国株については、どのタイミングで投資しても、20年間保有し続ければ上がるという過去統計があります」（『お金が増える　米国株超楽ちん投資術』（KADOKAWA）と述べるのは、米国株投資に詳しいたぱぞうさんです。

「一時的に値下がりすることがあっても経済が成長し、それが株価に反映される米国株であれば、長期的には値上がりが期待できます」

(2) 世界の時価総額ランキング上位にはアメリカ企業が多数

時価総額とは、「１株当たりの株価×発行済株式数」のこと。業績のみならず、企業の成長への期待が高い証しです。株式市場での評価も高いことを示します。

米国市場に上場している企業の時価総額ランキングトップ5

1	アップル
2	マイクロソフト
3	アマゾン・ドット・コム
4	エヌビディア
5	アルファベットA

※2023年5月25日時点「日本経済新聞電子版」を基に作成。

世界のランキングに目を向けても、サウジアラビアの国有石油企業サウジアラムコや、台湾の半導体企業TSMC（台湾積体電路製造）なども登場しますが、**ランキング上位の多くは米国企業**です。

(3)アメリカの経済的な成長が期待できる

アメリカは人口が増加しています。人口が増えると、消費も増え、経済的な成長が期待できます。

◆米国株の選び方

では、どのように米国株に投資をすればよいのでしょうか。

マネー本ですすめられていたのは、全米株式やS&P500などに投資するインデックスファンド（2位参照）です。

また、コカ・コーラやジョンソン・エンド・ジョンソンなど、超大型の連続増配株に分散投資したほうがいい、という意見もありました。ただし、今有利なものが、この先ずっと有利とは限らないことも覚えておきましょう。

Column 6

お金＝幸せ？ お金持ちたちの考え方

本書では「お金の増やし方」について記してきました。最後に、マネー本で論じられていた「お金」そのものの役割や機能についてまとめます。

◆そもそもお金とは何か？

「そもそもお金とは」について、大きく２つの意見がありました。

(1) お金は「交換」ツールである

「もともと、お金は物々交換の不便さを補う仕組みとして発達したようです。確かに食料はすぐ腐りますし遠くまでは運べませんから、何かに価値のやりとりを仲介してもらう必要があります。この価値の媒介物は、時代によって貝殻だったり金属だったり紙だったりと姿をよく変えます」（佐藤航陽『お金2.0　新しい経済のルールと生き方』／幻冬舎）

「『価値を数字で表わして、交換できるようにしたもの』がお金です。つまり、シンプルに言うとお金は『価値の交換ツール』だということです」（和仁達也『世界一受けたいお金の授業』／三笠書房）

(2) お金は信用である

「人の信用を形に変えたものがお金」（川村元気『億男』／文藝春秋）

「お金とは信用を媒介するためにある」（井上純一『キミのお金はどこに消えるのか』／KADOKAWA）

◆お金があれば幸せか

お金は大切ですが、あくまでも手段。あらゆることを犠牲にしてまで追い求めるものではありません。これは、多くのマネー本で一致している意見でした。

「お金や節約は、人が幸せになるためのもの。それが目的になったらいけない。

これはお祖母ちゃんの言葉ですが、私も今、心からそう思うのです」（原田ひ香『三千円の使いかた』／中央公論新社）

「地位や名誉が上がったり、お金に余裕ができることだけが『幸せ』の基準ではない。苦しいことだって、自分が納得する道なら、それを歩むことが『幸せ』にだってなる」（竹内謙礼・青木寿幸『会計天国』／PHP研究所）

◆マネー本の著者たちにとっての幸せとは

では、マネー本の著者たちにとって幸せ（あるいは成功）とは何でしょうか？

「『成功の定義とはなんですか』
と大学生に問われたとき、
『愛されたいと望む相手から愛されることだ』
とウォーレンは答えた」（メアリー・バフェット、デビッド・クラーク『史

上最強の投資家　バフェットの教訓』／徳間書店）

「生活に困窮するほどお金がなければ不幸ですが、お金があればあるほど幸せになれるのではなく、人とのつながりを持たなければ幸せを実感することはできないのです」（ジョージ・S・クレイソン『漫画　バビロン大富豪の教え』／文響社）

「本当に大切なのは喜びと幸せに満ちた意義深い人生を送ることであり、お金はその手段でしかない」（アンドリュー・O・スミス『アメリカの高校生が学んでいるお金の教科書』／SBクリエイティブ）

◆「幸せになるお金の使い方」がある

『お金が貯まる人は、なぜ部屋がきれいなのか』（黒田尚子／日本経済新聞出版）では、お金の使い方と幸せは相関関係があるとして、ブリティッシュコロンビア大学エリザベス・ダン博士の研究から「**幸福になれる８つのお金の使い方**」を紹介しています。

「①モノではなく経験を買う　②自分ではなく他人の利益のために使う　③少数の大きな喜びではなく多数の小さな喜びに使う　④期間の延長や保障にお金を使わない　⑤支払いを先延ばしにしない　⑥買ったものが生活をどう向上させたか振り返る　⑦いつまでも買ったものを比較しない　⑧他人の幸福に細心の注意を払う」

　幸せになるには、「お金」というツールをうまく使いこなす必要があります。その使い方をぜひ本書で身につけてください。

付録

知っておきたい「お金の用語」解説集

本書に出てきた「知っておきたいお金の用語」を五十音順に並べています。用語の意味を調べたいときにご活用ください。

あ

アクティブファンド……アクティブ＝積極的。ファンドマネージャーが独自に選んだ銘柄で構成された投資信託。株価指数など市場平均を上回る運用成績を目指す。【2位】

ETF（イーティーエフ）……上場投資信託。証券取引所で株式と同じように売買できる投資信託。【2位】

iDeCo（イデコ）……公的年金（国民年金、厚生年金）にプラスして個人で加入できる私的年金（企業や個人が任意で加入できる年金のこと）。定期預金や保険商品、投資信託などを利用して老後のための年金を積み立てる。基本的に「20歳以上65歳未満」のほぼすべての人が加入できる。【4位】

インデックスファンド……インデックス＝指標。日経平均株価やTOPIX（東証株価指数）、NYダウ、S&P500（後者2つはアメリカの代表的な株価指数）など、特定の指標に連動するように設計された投資信託。対象とする株価指数と同じ銘柄を同じ比率で組み入れることが多い。特定の指数と似た値動きをするため、市場並みの運用成績が期待できる。「パッシブファンド（パッシブ＝受け身）」とも呼ばれる。【2位】

インフレ……「インフレーション」の略。物価が継続的に上がること。お金の価値が下がること。【Column 3】

FX（エフエックス）……「Foreign Exchange（フォーリン エクスチェンジ／外国為替）」の略称。「外国為替証拠金取引」ともいわれる。【28位】

か

カードローン……銀行や信販会社、消費者金融が提供する個人向け融資サービス。クレジットカードのキャッシング機能とは別で、現金の借り入れに特化している。【17位】

株価指数……上場銘柄全体の値動きをあらわす指標のこと。たとえば「日経平均株価」は、日本を代表する225銘柄から算出された株価指数。S&P500は、アメリカの代表的な上場企業500銘柄から算出された株価指数。【2位】

株式……他の企業や個人から出資を募るために発行する証券（株券）のこと。株券は今は電子化されているため、紙の証券が発行されることはない。株式発行は金融機関からの借入金とは違うため、返済の義務はない。【Column 1】

為替手数料……円とドルなど外国の通貨を交換するときに、毎回払う。【27位】

元本……投資の「元手になるお金」のこと。【1位】

繰り上げ返済……毎月の返済とは別に、まとまった額を任意のタイミングで返済すること。月々の返済は「元本返済額＋利息額」だが、繰り上げ返済した分は元本返済の前倒しに充てられるため、その分の支払い利息が減る。繰り上げ返済には「期間短縮型」と「返済額軽減型」がある。【7位】

クレジットカード……商品を購入する際に、現金を使わずにカードを提示することで後払いできる決済手段。18歳から親の同意なしにつくれる。【29位】

高額療養費制度……医療機関や薬局の窓口で支払った額が、ひと月（月の初めから終わりまで）で一定の上限額を超えた場合に、超過した分のお金が払い戻される制度のこと。【8位】

国際分散投資……日本国内に限らず、先進国や新興国など海外に目を向けて分散投資をすること。【1位】

固定費……毎月、固定で払っている費用のこと。住居費（家賃、住宅ローン）、水道光熱費、通信費（スマホ代、月額費用のかかる定額サービス）、教育費など。【3位】

財形貯蓄……勤労者財産形成促進制度のひとつ。国と会社が連携して、従

業員の資産づくりを支援する制度。【16位】

塩漬け……株が、買ったときの価格よりも、値下がりしてしまったため、売ると損が出る。そのため、長期間売らずに保有している状態のこと。【12位】

資産……現金、預金、株式、不動産、債券、金など「お金に換算できる財産」のこと。【1位】

指数……基準となる数字のこと。【10位】

指標……投資の判断をしたり、評価したりする際の目安になるもの。【10位】

借金……お金を借りること。借りたお金のこと。【17位】

上場……証券取引所で売買できるように、証券取引所が審査して、資格を与えること。【2位】

消費者金融……消費者金融業者。かつては「サラ金」と呼ばれていた。個人への融資がメイン。金利が高め（借入金額に応じて年15～20%）。審査が早い。【17位】

税金……年金・医療などの社会保障・福祉や、水道、道路などの社会資本整備、教育、警察、防衛といった公的サービスに支払う代金。【20位】

生命保険……死亡保険、医療保険、がん保険、学資保険、年金保険など、生命保険会社等が広く一般に販売している商品全般のこと。【8位】

損切り……株が購入時よりも値下がりをしているときに売却をし、損失を確定させること。【5位】

た

単利……「毎年同額の金利が上乗せされる金利のつき方」。【13位】

貯金……お金を貯めること。郵便局、JAなどにお金を預けること。【16位】

貯蓄……お金をたくわえること。銀行の預金など。銀行預金は、お金を大きく増やすことはできないが、元本を確保しながら安全に資産形成できる。すぐに引き出すことができるので、流動性が高い。【Column 2】

貯蓄型保険……万が一に備えながら、将来のための貯蓄ができる保険。保険料の一部が積み立てられ、満期時（満期保険金）や解約時（解約返戻金）にお金を受け取ることができる。終身保険、養老保険、学資保険、個人年金保険など。【8位】

デフレ……「デフレーション」の略。物価が継続的に下がること。お金の価値が上がること。【Column 3】

投機……「機（チャンス）」を逃さず、「短期的」な値動きに着目して売買を繰り返す。【Column 2】

投資……利益を見込んで、有望な投資先に資金を投じること。一般的には、株式、投資信託、債券、外貨建て商品、不動産などを購入することを意味する。元本は保証されていないため損をするリスクを負うが、一方で、貯蓄よりも大きくお金を増やせる可能性がある。将来的な利益を求めて、「長期的」に利益獲得を目指す。【Column 2】

投資信託（ファンド・投信）……投資家から集めたお金を使って、資産運用のプロ（ファンドマネージャー）が国内外の株式や債券などに投資・運用する金融商品。投資家はその運用益から利益を受け取る。【2位】

ドル・コスト平均法……同じ投資対象（金融商品）を一定の金額ずつ、定期的に購入する方法。【1位】

な

NISA（ニーサ）……少額投資非課税制度。少額からの投資を支援する非課税（税金を払わなくていい）の制度。【11位】

年金制度……年を取ったり、事故などで健康状態に問題が生じたりしたときに、お金を受け取れる制度のこと。【4位】

は

FIRE（ファイア）……「Financial Independence, Retire Early（ファイナンシャル インディペンダンス リタイア アーリー）」の略語。「経済的自立と早期退職」の意味。ある程度お金を蓄えて、早期退職し、生活費を投資の利益でまかなうという、アメリカで広がり始めた生き方・考え方。【Column 4】

複利……「もともとあるお金、すなわち元金についた金利を、次期の元金に組み入れる金利のつき方」。【13位】

分散投資……株式と債券、国内と海外など、複数の投資先に時間をずらして投資をすること。すべての資産が一度に減るリスクを低くできる。【1位】

分配金……投資信託の運用によって得られた収益などを一定期間ごとに投

資家に還元するしくみ。株の配当に相当。【2位】

米国株……アメリカの証券取引所に上場している株式。【30位】

変動費……月によって、支払い額が変わる費用のこと。食費、医療費、日用品費、交通費、衣料品費など。【3位】

預金……銀行などにお金を預けること。【16位】

余裕資金（余剰資金）……当面使う予定がないお金のこと。手持ちの資産のうち、生活費や緊急予備資金（もしものときのために準備しておくお金）を差し引いた資金。【6位】

ら

REIT（リート）……「Real Estate Investment Trust（リアル エステイト インベストメント トラスト）」の略。アメリカで生まれた不動産投資信託のこと。【15位】

リスク……結果が不確実であること（予想どおりにいかない可能性があること）。「価格変動の振れ幅（値動き）」のこと。【6位】

リスク許容度……「どのくらいの損失なら耐えられるか（受け入れられるのか）」の度合い。【6位】

リセールバリュー……資産を売却するときの価値、中古物件の資産価値の高さのこと。【7位】

リターン……資産運用を行うことで得られる収益のこと。【6位】

リバランス……相場の変動により当初決めた資産配分（資産比率）の割合が変わってしまったとき、保有資産の一部を売買して、当初の配分に戻すこと。リスクを抑えリターンを安定させる効果が期待できる。【5位】

利回り……元本に対する利益全体の割合。一定期間に、どのくらいの利益が得られたかをあらわす。【6位】

ローン……貸付金。消費財や住宅の購入資金など、個人向けの貸出を「ローン」と呼ぶことが多い。【17位】

おわりに①

お金の勉強、していますか？

藤吉 豊

◆お金の勉強は、早く始めるほどメリットがある

お金について、少しはわかっているつもりでした。

母子家庭で育ったり、勤めていた会社が倒産したり、独立後も収入の不安があったりして、お金の大切さが身にしみているつもりでした。

フリーランスとして確定申告もすれば、文道の代表取締役として決算もする。税理士さんや銀行の融資担当者からアドバイスをいただくこともある。出版社時代（会社員時代）と比べると、みずからお金を管理する機会も、税金や社会保険について考える時間も増えています。ですから、お金の流れをそれなりに理解しているつもりでした。

ですが、100冊の名著を読み終えたあと、

「あ～、お金のこと、わかっていなかったな」

「えっ、そうだったの？　すっかり勘違いしていたよ」

と、気づかされることばかりでした。

「お金は必要不可欠」とわかっていながら、そして「今月、入金がなかったらどうしよう」とソワソワしながら、それでも、お金の勉強をオロソカにしていたわけです。

お金がなくなるのは、あっという間です。でも、お金を貯める

のは長期戦です。お金を増やしたければ、時間を味方につけなければなりません。

本書の22位に「お金の勉強の大切さ」がランクインしたように、お金の勉強は早ければ早いほど、メリットがたくさんあります。

なので、僕自身は今、

「もっと早くから手を打っておけばよかった！」

と悔やんだり、

「あと20歳若ければ！」

「今からでもやっておくべきことがあるはず！」

と焦ったりしながら、あらためて「資産形成の見直し」を進めています。老後だって心配ですからね。

具体的には……、

- 生命保険と自動車保険の見直し
- 「iDeCo」の配分変更
- NISA口座の変更
- 塩漬けになっていた個別株の売却
- リバランス、リアロケーション（投資信託、貴金属コモディティ、定期預金など、少しずつ積み立てていた資産の割合の見直し）
- サブスクリプションサービスの解約

などを検討中です。

◆下心で株に手を出し、塩漬けに

一番の懸案は、放置中の塩漬け株です。証券会社の担当者から「A社の新規公開株に出資しませんか？　初値予想は○○○○円くらいですよ」とすすめられた銘柄です。

あのときの僕は、「新規公開株なら確実に儲かっちゃうよね」と甘く見積もって、その会社を調べもせず、経営者の名前も知らぬまま、「ハイハイ、買いますよ」とホクホク顔で出資しました。
　ところが……、僕は浅はかでした。売り時を逸してしまったのです。株価は、ジリジリと下落。現時点の株価は、購入価格の５分の１くらい、でしょうか。

　それまでも僕は、株式を購入したことがあります。ライターという仕事柄、経営者にお話をうかがう機会が多いため、「この経営者の考え方はステキだな」とか、「この会社を応援したいな」と思った企業の株を、ほんの少し、持つことがありました。
「儲けたい」という私欲からではなく、「応援したい」という健全な思いから株主になったわけです。

　ですが、Ａ社の場合は違います。投資というより投機目的（短期的な利益目的）で、「購入価格よりも値上がったら、即、売ろう」という下心でした。
　公開後、株価はたしかに上がりました。ですが、「もう少し値上がりするまで待っちゃおうかな」「明日になれば、もっと上がっちゃうよね」と売るタイミングを先延ばしにした結果、期待に反して株価は下がっていったのです。
　後悔先に立たず。いさぎよく「損切り」すべきでした。

　Ａ社の株は、自分への戒めとして、つまり「儲け優先で投資をするのは、自分らしくないよね。出資をするなら、投資先への共感を大事にすべきだよね」という健やかな考えを忘れないために、今も持ち続けています。ですが、マネー本の著者が指摘するように、「値上がりの見込みがない銘柄は早く手放して、次の銘柄に買い替える」ほうが得策だと考えはじめています（なので、損失覚悟で売ろうかな、と）。

株式投資には「自己責任の原則」があります。誰も損失を補填してくれません。だからこそ、
「自分のルールをつくって、それをしっかり守ること」
の大切さを痛感しています。

◆自分のお金を守れるのは、自分自身

本書の制作をしている今、電気・ガス・食料品・日用雑貨をはじめ、公共料金や生活必需品も値上げラッシュです。世知辛い世の中に少しでも抗うには、お金の正しい知識を身につけること。
「今までと同じお金の使い方ではダメ」
「収入を増やす、節約する、投資をするための工夫が必要」
だと強く感じます。そしてなによりも、愚直に、手を抜かず、一所懸命、目の前の仕事に励むこと。自分のお金を守るには、結局のところ、「お金のリテラシーを高める以外ないよね」、なんて思っています。

本書が、お金を正しく「貯める、増やす、使う」のヒントになれば幸いです。

おわりに②

お金の勉強をしてこなかった すべての大人たちへ

小川真理子

今でこそ、高校（一部、小中学校）で金融教育がスタートしています。しかし、すでに大人になっている方々は、きちんとお金の教育を受けたことがない人がほとんどではないでしょうか。

かくいう私もです。

昭和の時代に多感な時期を過ごし、お金の教育はほぼ受けていません。

母の口グセは、

「お金を触ったら、手を洗いなさい。誰が触ってきたかわからないからね」

「１円でも多く貯金しなさい。近所の○○さんは、ドラム缶３缶分の小銭を貯めて、千葉に土地を買ったそうよ。やっぱりコツコツ貯めるのがいちばん！」。

仕事上の簡単な経理の処理はやりながら覚えました。

「お金」全般について初めて人から学んだのは、ずいぶん大人になってから。2015年ごろです。

投資コンサルタントで、女性のためのお金の教室「富女子会」

を主宰する永田雄三(ながたゆうぞう)さんの本をつくるお手伝いをしたのがきっかけです。

永田さんは、「お金があると人生の選択肢が広がる。まだまだ女性の人生の選択肢は少ないと感じる。できれば、女性には20代からお金の勉強を真剣にしてほしい」とおっしゃって、お金にまつわるいろいろを講義してくださいました。

この出会いがきっかけで、かなり遅ればせながら(笑)、お金の重要性に気づき、自分でもマネー本を読んだりするようになりました。

◆お財布の中のお金はお金を増やす可能性を秘めている

しかし、その後、忙しさに流されて、行動までには落とし込めず、そのうちに、お金と向き合うことも忘れがちになりました。

今回、100冊の本を読み込み、本当に後悔しました。

「もっと早く投資をしておけばよかった」

と。

なぜなら、お金は家に置いておいたり、銀行に預けているだけではほとんど増えませんが、

「勉強をし、理解した上で投資をすれば増えていく。

1日でも長く、できるだけ長期で投資すれば、リスクも減らせる」

ことをマネー本の著者たちからあらためて学んだからです。

今日、お財布に入っている1万円札は、

使えばゼロになり、
無駄使いしなければそのままで、
投資すれば１年後に１万500円に増える可能性を秘めている。

そんな単純なお金の真理をようやく腑に落とすことができました。
ただし、投資をすれば、誰もが必ず儲かるわけではありません。
リスクがあるからです。リスクを回避するには、学ぶことです。

ですので、本書のランキングでいえば、「22位　お金持ちになりたければ、『お金の勉強』は不可避」が、大切だと感じています。

本書にはマネー本の著者たちの「お金を増やす知恵」「リスクの考え方」をまとめています。私と同じようにお金の勉強をしてこなかった大人のみなさんには一読していただきたいです。

◆お金の知識は人生を見直すきっかけになる

マネー本100冊を読んで本当に後悔したと書きましたが、反面、本当に今読んでよかったと思っています。

マネーの名著たちは勇気も与えてくれたからです。
著者の多くは、元からお金持ちだったわけではなく、「年収が決して多くなかった」「元手となる貯金が少額だった」方が少なくありません。
そんな方々の「お金の増やし方」のアドバイスは参考になることばかりでした。

「今からでも遅くない」と背中を押してくれます。

日ごろの節約術やお金が貯まる思考について多くの示唆もありました。

お金は毎日のように使うもの。
お金の知識を読み込むことで、自分の人生を見直すきっかけにもなります。

本書には、そのエッセンスを集約しています。
読み終えて、理解したのなら、ひとつでも、ふたつでも、お金を増やす行動を始めることをおすすめします。
私も、今回こそ行動に落とし込まなければ、と自分のやることリストをつくりました。

一部をご紹介すると、
- NISAを今年中に始める。今年中に始めると、来年から始まる新NISAと両方の恩恵（儲けが非課税）を受けられるから
- 水道料金の支払いをクレジット払いに変える。クレジットカードのポイントが貯まるから

です。

本書によってみなさんの未来が豊かになることを願っています。

参考にさせていただいたベストセラー100冊

本書は、下記の条件をもとに書籍を収集し、調査しました。

- 「お金の増やし方」「マネー術」「投資法」「節税」「相続」「節約法」「デイトレード」「資産管理」など、お金や資産をテーマとした書籍。
- 「平成元年以降」に、紙または電子媒体で刊行された書籍。時代とともに、求められるお金の知識が変化する可能性があるため。
- 「ベストセラー」「ロングセラー」の書籍。より多くの方に受け入れられているルールを抽出するため、販売部数や書籍への評価を踏まえて選出しました。

ただし、上記の条件を満たさない書籍でも、影響力の大きさに鑑み、以下の書籍も調査対象としました。

- 「昭和以前」に刊行された書籍で、平成元年以降にベストセラー・ロングセラーと認められたり、「年間ベストセラー」ランキングに入った書籍。平成元年以降に改訂版が刊行された書籍。
- 「NISA」「iDeCo」「FIRE」など新しい制度や概念に関する書籍。
- 伝説の投資家や世界的な資産家が、お金の使い方や増やし方について記した書籍。

書籍リスト（順不同）

1『お金に強くなる！　ハンディ版』山崎元／ディスカヴァー・トゥエンティワン
2『お金は銀行に預けるな　金融リテラシーの基本と実践』勝間和代／光文社
3『日本一カンタンな「投資」と「お金」の本』中桐啓貴／クロスメディア・パブリッシング
4『私の財産告白』本多静六／実業之日本社
5『ピーター・リンチの株式投資の法則　全米No.1ファンド・マネジャーの投資哲学』ピーター・リンチ（著）、酒巻英雄（監訳）／ダイヤモンド社
6『お金が増える　米国株超楽ちん投資術』たぱぞう／KADOKAWA
7『マンガでわかる最強の株入門』安恒理（著）、吉村佳（漫画）／新星出版社
8『臆病者のための億万長者入門』橘玲／文藝春秋
9『年収300万円FIRE　貯金ゼロから７年でセミリタイアする「お金の増やし方」』山口貴大【ライオン兄さん】／KADOKAWA
10『行列のできる人気女性FPが教える　お金を貯める　守る　増やす　超正解30』井澤江美／東洋経済新報社
11『本当の自由を手に入れる　お金の大学』両@リベ大学長／朝日新聞出版
12『本気でFIREをめざす人のための資産形成入門　30歳でセミリタイアした私の高配当・増配株投資法』穂高唯希／実務教育出版
13『税金がタダになる、おトクな「つみたてNISA」「一般NISA」活用入門』竹川美奈子／ダイヤモンド社
14『貯金すらまともにできていませんが　この先ずっとお金に困らない方法を教えてください！』大河内薫、若林杏樹／サンクチュアリ出版
15『元国税専門官がこっそり教える　あなたの隣の億万長者』小林義崇／ダイヤモンド社
16『ジェイソン流お金の増やし方』厚切りジェイソン／ぴあ
17『アメリカの高校生が学んでいるお金の教科書』アンドリュー・O・スミス（著）、桜田直美（訳）／SBクリエイティブ
18『新版　正しい家計管理』林總／すみれ書房
19『ザ・トレーディング　心理分析・トレード戦略・リスク管理・記録管理』アレキサンダー・エルダー（著）、福井強（訳）／FPO
20『お金の大事な話　「稼ぐ×貯まる×増える」のヒミツ』泉正人／WAVE出版
21『お父さんが教える　13歳からの金融入門』デヴィッド・ビアンキ（著）、関美和（訳）／日本経済新聞出版
22『株・投資信託・iDeCo・NISAがわかる　今さら聞けない投資の超基本　ビジュアル版』泉美智子（著）、奥村彰太郎（監修）／朝日新聞出版
23『投資家が「お金」よりも大切にしていること』藤野英人／星海社
24『おひとりさまのゆたかな年収200万生活』おづまりこ／KADOKAWA
25『年収200万円からの貯金生活宣言』横山光昭／ディスカヴァー・トゥエンティワン
26『ユダヤ人大富豪の教え　幸せな金持ちになる17の秘訣』本田健／大和書房

27『お金が貯まる人は、なぜ部屋がきれいなのか 「自然に貯まる人」がやっている50の行動』黒田尚子／日本経済新聞出版

28『オートモードで月に18.5万円が入ってくる「高配当」株投資　ど素人サラリーマンが元手５万円スタートでできた！』長期株式投資／KADOKAWA

29『20歳の自分に教えたいお金のきほん』池上彰、「池上彰のニュースそうだったのか!!」スタッフ／SBクリエイティブ

30『改訂新版　一番やさしい！　一番くわしい！　個人型確定拠出年金　iDeCo活用入門』竹川美奈子／ダイヤモンド社

31『お金は寝かせて増やしなさい』水瀬ケンイチ／フォレスト出版

32『すみません、金利ってなんですか？』小林義崇／サンマーク出版

33『基礎からわかる！　つみたてNISA & iDeCo　初めての投資編』メディアックス編集部（編）／メディアックス

34『一人の力で日経平均を動かせる男の投資哲学』cis／KADOKAWA

35『マネーの公理　スイスの銀行家に学ぶ儲けのルール』マックス・ギュンター（著）、林康史（監訳）、石川由美子（訳）／日経BP

36『10万円から始める！　小型株集中投資で１億円』遠藤洋／ダイヤモンド社

37『いちばんカンタン！　株の超入門書　改訂３版』安恒理／高橋書店

38『漫画　バビロン大富豪の教え　「お金」と「幸せ」を生み出す五つの黄金法則』ジョージ・S・クレイソン（原作）、坂野旭（漫画）、大橋弘祐（企画・脚本）／文響社

39『サイコロジー・オブ・マネー　一生お金に困らない「富」のマインドセット』モーガン・ハウセル（著）、児島修（訳）／ダイヤモンド社

40『ウォール街のランダム・ウォーカー　原著第12版　株式投資の不滅の真理』バートン・マルキール（著）、井手正介（訳）／日本経済新聞出版

41『誰も教えてくれないお金の話』うだひろえ（著）、泉正人（監修）／サンクチュアリ出版

42『節約・貯蓄・投資の前に　今さら聞けないお金の超基本　ビジュアル版』坂本綾子（著）、泉美智子（監修）／朝日新聞出版

43『一生お金に困らない！　新・お金が貯まるのは、どっち!?』菅井敏之／アスコム

44『住宅ローンはこうして借りなさい　改訂７版』深田晶恵／ダイヤモンド社

45『新版　池上彰のお金の学校』池上彰／朝日新聞出版

46『新版　お金持ちになれる黄金の羽根の拾い方　知的人生設計のすすめ』橘玲／幻冬舎

47『会社も役所も銀行もまともに教えてくれない　定年後ずっと困らないお金の話』頼藤太希／大和書房

48『めちゃくちゃ売れてる株の雑誌ザイが作った「株」入門　改訂第３版』ダイヤモンド・ザイ編集部（編）／ダイヤモンド社

49『史上最強の投資家　バフェットの教訓　逆風の時でもお金を増やす125の知恵』メアリー・バフェット、デビッド・クラーク（著）、峯村利哉（訳）／徳間書店

50『デイトレード　マーケットで勝ち続けるための発想術』オリバー・ベレス、グレッグ・カプラ（著）、林康史（監訳）、藤野隆太（訳）／日経BP

51『改訂版　金持ち父さん　貧乏父さん　アメリカの金持ちが教えてくれるお金の哲学』ロバート・キヨサキ（著）、白根美保子（訳）／筑摩書房

52『世界一受けたいお金の授業　一生お金に困らない「稼ぐ、使う、貯める」技術』和仁達也／三笠書房

53『世界のお金持ちが実践するお金の増やし方』高橋ダン（著）、向山勇（執筆協力）／かんき出版

54『マネーという名の犬　12歳からの「お金」入門』ボード・シェーファー（著）、村上世彰（監修）、田中順子（訳）／飛鳥新社

55『楽しく、貯まる「づんの家計簿」　書きたくなるお金ノート』づん／ぴあ

56『FIRE　最強の早期リタイア術　最速でお金から自由になれる究極メソッド』クリスティー・シェン、ブライス・リャン（著）、岩本正明（訳）／ダイヤモンド社

57『伝説の編集長が教える　会社四季報はココだけ見て得する株だけ買えばいい』山本隆行／東洋経済新報社

58『お金2.0　新しい経済のルールと生き方』佐藤航陽／幻冬舎

59『知れば知るほど得する税金の本』出口秀樹／三笠書房

60『敗者のゲーム　原著第８版』チャールズ・エリス（著）、鹿毛雄二、鹿毛房子（訳）／日本経済新聞出版

61『ピーター・リンチのすばらしき株式投資　楽しく学んで豊かに生きる』ピーター・リンチ、ジョン・ロスチャイルド（著）、三原淳雄、土屋安衛（訳）／ダイヤモンド社

62『貯金40万円が株式投資で４億円　元手を1000倍に増やしたボクの投資術』かぶ1000／ダイヤモンド社

63『世界一わかりやすい！　FXチャート実践帳　スキャルピング編』二階堂重人／あさ出版

64『億男』川村元気／文藝春秋

65『キミのお金はどこに消えるのか』井上純一／KADOKAWA

66『三千円の使いかた』原田ひ香／中央公論新社

67『会計天国』竹内謙礼、青木寿幸／PHP研究所

68『難しいことはわかりませんが、お金の増やし方を教えてください！』山崎元、大橋弘祐／文響社

69『貯められない女のためのこんどこそ！　貯める技術』池田暁子／文藝春秋

70『時を稼ぐ男　新時代の時間とお金の法則』三崎優太／KADOKAWA

71『誰でもできるのに９割の人が気づいていない、お金の生み出し方』今井孝／幻冬舎

72『おカネの教室　僕らがおかしなクラブで学んだ秘密』高井浩章／インプレス

73『バカでも稼げる「米国株」高配当投資』バフェット太郎（著）、はるたけめぐみ（イラスト）／ぱる出版

74『最新版　まずはアパート一棟、買いなさい！』石原博光／SBクリエイティブ

75『33歳で資産３億円をつくった私の方法』午堂登紀雄／三笠書房

76『お金のこと何もわからないままフリーランスになっちゃいましたが税金で損しない方法を教えてください！』大河内薫、若林杏樹／サンクチュアリ出版

77『磯野家の相続　令和版』長谷川裕雅／PHP研究所
78『「ゆる副業」のはじめかた　アフィリエイトブログ　スキマ時間で自分の「好き」をお金に変える！』ヒトデ／翔泳社
79『最新　いまさら聞けないビットコインとブロックチェーン』大塚雄介／ディスカヴァー・トゥエンティワン
80『株で富を築くバフェットの法則　最新版　不透明なマーケットで40年以上勝ち続ける投資法』ロバート・G・ハグストローム（著）、小野一郎（訳）／ダイヤモンド社
81『大富豪アニキの教え』兄貴【丸尾孝俊】／ダイヤモンド社
82『いま君に伝えたいお金の話』村上世彰／幻冬舎
83『ビジネスエリートになるための　教養としての投資』奥野一成／ダイヤモンド社
84『学校では教えてくれない大切なこと　3　お金のこと』旺文社（編）、関和之（マンガ・イラスト）／旺文社
85『貯金感覚でできる3000円投資生活デラックス』横山光昭／アスコム
86『ぶっちゃけ相続　日本一の相続専門YouTuber税理士がお金のソン・トクをとことん教えます！』橘慶太／ダイヤモンド社
87『令和改訂版　フリーランスを代表して　申告と節税について教わってきました。』きたみりゅうじ／日本実業出版社
88『あらゆる領収書は経費で落とせる』大村大次郎／中央公論新社
89『税務署員だけのヒミツの節税術　あらゆる領収書は経費で落とせる　確定申告編』大村大次郎／中央公論新社
90『会社四季報の達人が教える10倍株・100倍株の探し方』渡部清二／東洋経済新報社
91『ガチ速FX　27分で256万を稼いだ“鬼デイトレ”』及川圭哉／ぱる出版
92『サラリーマンは300万円で小さな会社を買いなさい　人生100年時代の個人M&A入門』三戸政和／講談社
93『渋沢栄一100の訓言　「日本資本主義の父」が教える黄金の知恵』渋澤健／日本経済新聞出版
94『億万長者をめざすバフェットの銘柄選択術』メアリー・バフェット、デビッド・クラーク（著）、井手正介、中熊靖和（訳）／日本経済新聞出版
95『波のうえの魔術師』石田衣良／文藝春秋
96『生涯投資家』村上世彰／文藝春秋
97『お金はこうして殖やしなさい　改訂３版』ダイヤモンド社、生活設計塾クルー（編）／ダイヤモンド社
98『最新版　つみたてNISAはこの９本から選びなさい』中野晴啓／ダイヤモンド社
99『カバチタレ！　1～20』青木雄二（監修）、田島隆（原作）、東風孝広（漫画）／講談社
100『定額制夫のこづかい万歳　月額２万千円の金欠ライフ　1～5』吉本浩二／講談社

謝辞

「100冊シリーズ」４冊目を世に送り出すことができました。
　今回もたくさんの方々のお力添えがありました。記して、感謝申し上げます。

- 株式会社日経BP 宮本沙織さん（本書の担当編集者。今回も、さすがの安定感。藤吉と小川の口グセは「困ったときの宮本さん」）
- 株式会社日経BP 大口克人さん（『日経マネー』〈日経BP〉の発行人。100冊の選定から原稿のチェックまで、大口さんの専門的なご指摘があったからこそ、内容の正確さを担保できました）
- クロロス 斎藤充さん（本書の中面デザインを担当。藤吉と小川がもっとも信頼する人気デザイナー。本書のような盛りだくさんの内容でも、見やすく、わかりやすく、楽しく視覚化してくれます）
- krranの西垂水敦さん、内田裕乃さん（カバーデザイン担当）
- 株式会社ヴェリタの岡本真尚さん（校正・校閲担当）
- 大叢山福厳寺 大愚元勝住職（株式会社文道の名付け親）
- 株式会社ナーランダ出版 廣瀬知哲さん（文道のよき理解者）
- 富女子会ライター部／相田真理さん、高木翠さん、さとうえりさん
- 本書で取り上げた100冊の著者の方々
- この本を手に取ってくださった読者の方々

　最後に、いつも支えになってくれている、藤吉と小川の家族に。

著者プロフィール

藤吉 豊（ふじよし・ゆたか）

株式会社文道、代表取締役。有志４名による編集ユニット「クロロス」のメンバー。日本映画ペンクラブ会員。神奈川県相模原市出身。
編集プロダクションにて、企業PR誌や一般誌、書籍の編集・ライティングに従事。編集プロダクション退社後、出版社にて、自動車専門誌２誌の編集長を歴任。2001年からフリーランスとなり、雑誌、PR誌の制作や、ビジネス書籍の企画・執筆・編集に携わる。文化人、経営者、アスリート、タレントなど、インタビュー実績は2000人以上。2006年以降は、ビジネス書籍の編集協力に注力し、200冊以上の書籍のライティングに関わる。
現在はライターとしての活動のほか、「書く楽しさを広める活動」「ライターを育てる活動」にも注力。「書く力は、ライターだけでなく、誰にでも必要なポータブルスキルである」（ポータブルスキル＝業種や職種が変わっても通用する持ち出し可能なスキル）との思いから、大学生や社会人に対して、執筆指導を行っている。元野良猫を溺愛する日々。

小川真理子（おがわ・まりこ）

株式会社文道、取締役。有志４名による編集ユニット「クロロス」のメンバー。日本映画ペンクラブ会員。日本女子大学文学部（現人間社会学部）教育学科卒業。東京都在住。編集プロダクションにて、企業PR誌や一般誌、書籍の編集・ライティングに従事。その後、フリーランスとして、大手広告代理店の関連会社にて企業のウェブサイトのコンテンツ制作にも関わり仕事の幅を広げる。これまでに、子ども、市井の人、文化人、経営者など、インタビューの実績は数知れない。
現在は、ビジネス書や実用書などの編集・執筆に携わる一方で、ライターとして約30年活動をしてきた中で培ってきた「書く」「聞く」についてのスキルや心構えを伝えたいと、ライティング講座にも注力。学生や社会人、ライターを目指す方々に対して、執筆指導を行っている。猫を２匹飼っている。

■書籍【藤吉豊・小川真理子共著】
『「文章術のベストセラー100冊」のポイントを１冊にまとめてみた。』
『「話し方のベストセラー100冊」のポイントを１冊にまとめてみた。』
『「勉強法のベストセラー100冊」のポイントを１冊にまとめてみた。』（以上、日経BP）
『社会人になったらすぐに読む文章術の本』（KADOKAWA）

■書籍【藤吉豊著】
『文章力が、最強の武器である。』（SBクリエイティブ）

■文道 https://bundo.net/
■Facebook https://www.facebook.com/BUNDO.inc
■YouTube「文道TV」https://www.youtube.com/channel/UC4Tp1uYoit3pHXipRp_78Ng

「お金の増やし方のベストセラー100冊」のポイントを1冊にまとめてみた。

2023年8月7日　第1版　第1刷発行

著　者	藤吉 豊・小川真理子（文道）
発行者	中川ヒロミ
発　行	株式会社日経BP
発　売	株式会社日経BPマーケティング 〒105-8308　東京都港区虎ノ門4-3-12 https://bookplus.nikkei.com/
監　修	大口克人（日経マネー）
校正・校閲	株式会社ヴェリタ
装　丁	西垂水 敦・内田裕乃（krran）
本文デザイン・制作	斎藤 充（クロロス）
編　集	宮本沙織
印刷・製本	大日本印刷株式会社

本書籍に関するお問い合わせ、ご連絡は下記にて承ります。
https://nkbp.jp/booksQA

ISBN978-4-296-00135-4 Printed in Japan